U0919950

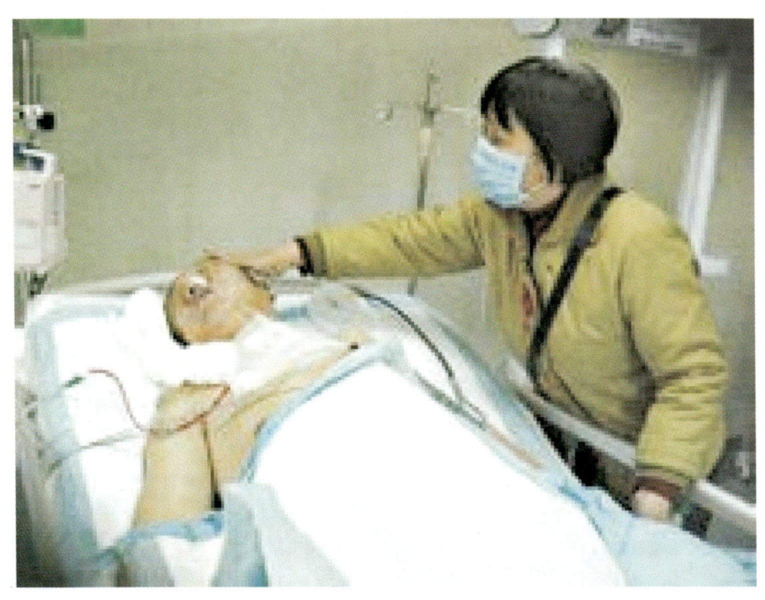

▶ 两年多守候的艰难，王旭峰没有减少对丈夫的爱

▶ 省委副书记、政法委书记张昌尔（左四），原省委常委、宣传部长尹汉林（右四）接见吴和平事迹报告团成员

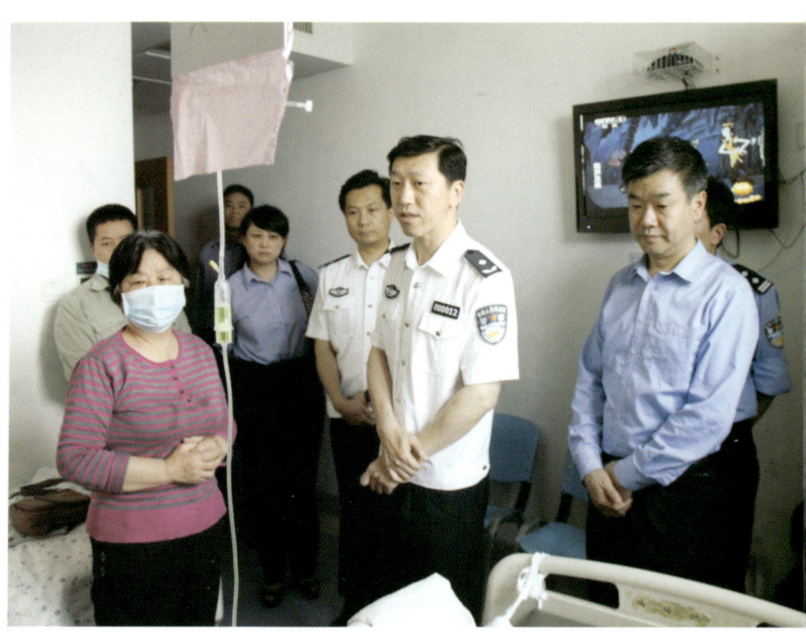

▼省公安厅原党委委员、副厅长陈辉（右三）到医院看望吴和平

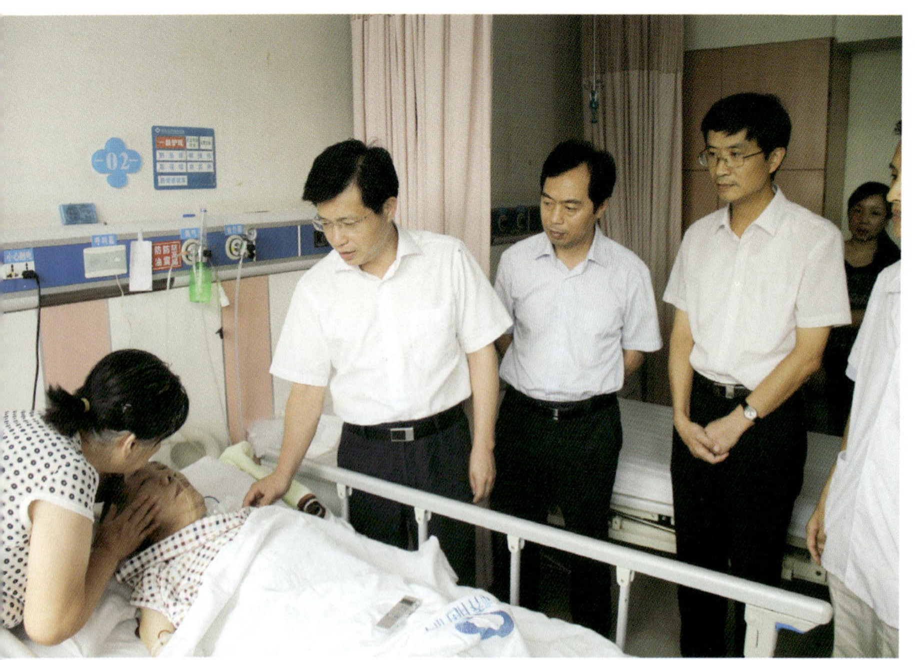

▶ 孝感市委书记陶宏（左二）看望吴和平

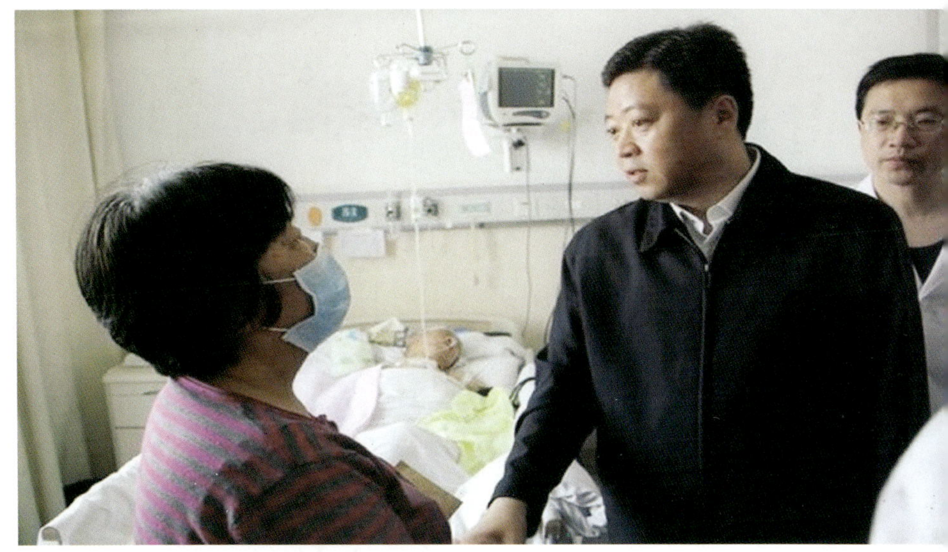

▶ 孝感市市长滕刚（左二）到医院看望吴和平

▶ 孝感市委常委、政法委书记刘义明（左一）到医院看望吴和平

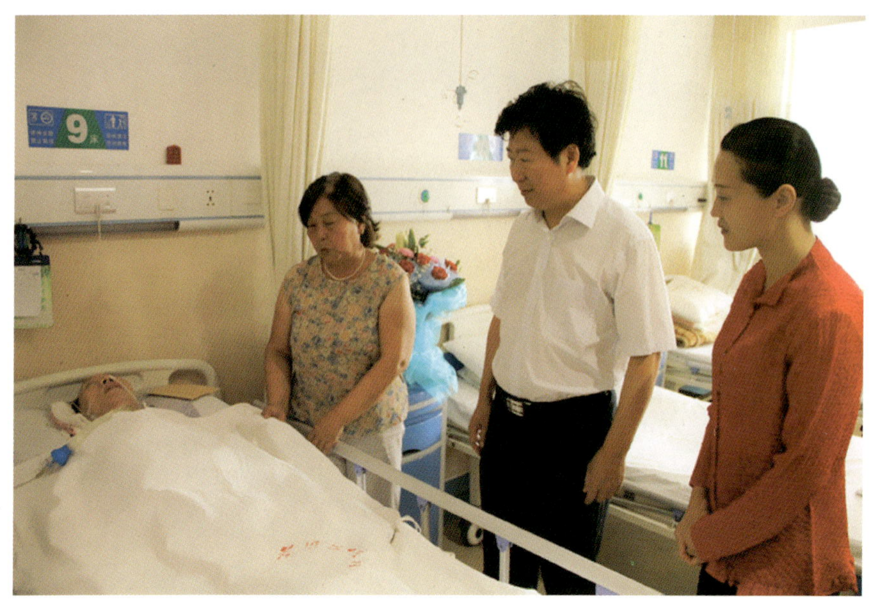

▶ 孝感市委常委、宣传部长仇平贵（左二），孝南区委常委、宣传部长姚惠萍（右一）到医院看望吴和平

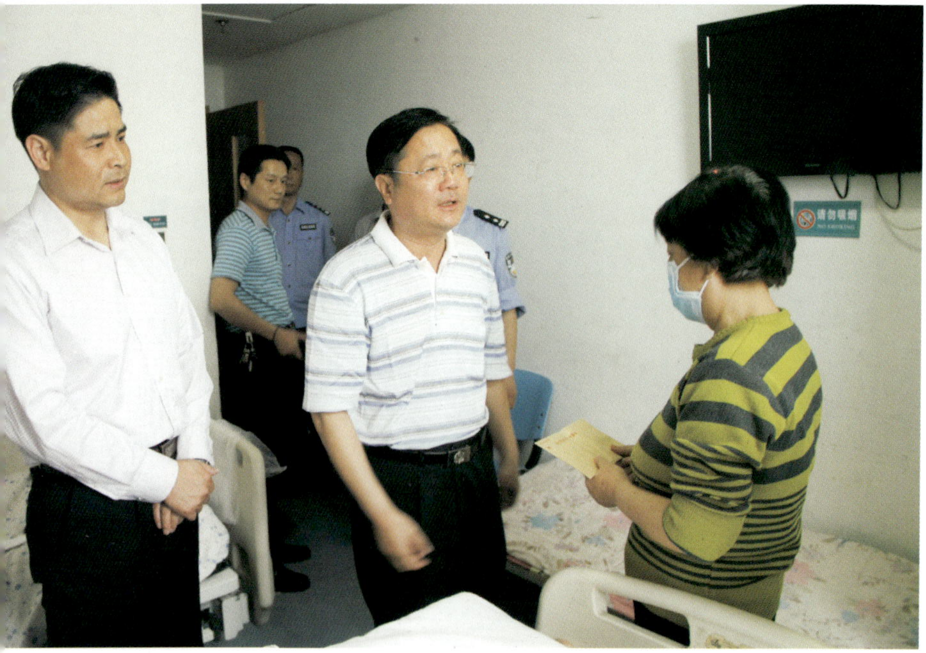

▶ 孝感市副市长、公安局局长郑香元（左二），孝感市公安局副局长、孝南区副区长、公安分局局长殷实（左一）看望吴和平

▶ 孝南区委书记杨军安（左三），区委常委、政法委书记陈小华（右二），区委常委、组织部长盛夏（左一）到医院看望吴和平

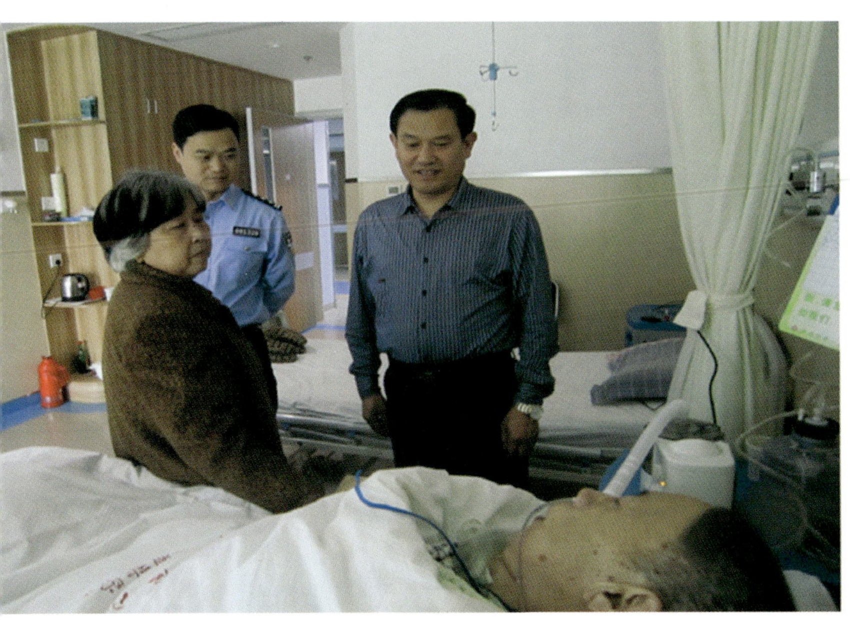

▶ 孝感市公安局孝南分局政委刘秋芳（左一），分局党委委员、政工室主任孙冰（左二）看望吴和平

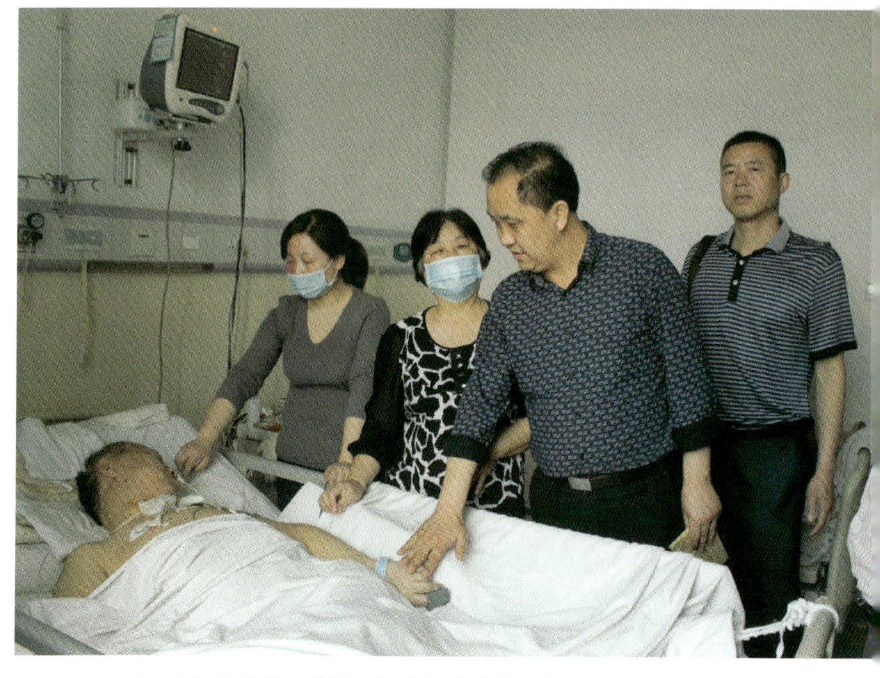

▶ 孝南区书院街道党工委书记魏清华（左三）到医院看望吴和平

▼ 一拨拨群众到医院重症室看望吴和平

▶ 吴和平（后排右四）在纸厂完成打井任务后与同事在一起

▶ 吴和平（左一）在农田社区工作间隙

▶ 吴和平（左二）召开辖区警民恳谈会

▶ 吴和平在辖区管理鞭炮市场

▼吴和平（右二）在辖区巡查

▶ 吴和平在调解纠纷

婆妈事不解决好，吴和平不放手

吴和平夫妇（前排）年轻时

千呼万唤

『湖北最美警察』吴和平昏迷千天纪实

黄世猛◎著

長江出版傳媒
长江文艺出版社

图书在版编目（CIP）数据

千呼万唤："湖北最美警察"吴和平昏迷千天纪实 / 黄世猛著. -- 武汉 : 长江文艺出版社, 2015.12
ISBN 978-7-5354-8543-4

Ⅰ. ①千… Ⅱ. ①黄… Ⅲ. ①报告文学－中国－当代 Ⅳ. ①I25

中国版本图书馆 CIP 数据核字(2015)第 286813 号

责任编辑：方 莹　　责任校对：陈 琪
封面设计：川 上　　责任印制：左 怡 邱 莉

出版：长江出版传媒 长江文艺出版社
地址：武汉市雄楚大街 268 号　　邮编：430070
发行：长江文艺出版社
电话：027—87679360
http://www.cjlap.com
印刷：武汉中远印务有限公司

开本：640 毫米×970 毫米　1/16　　印张：16　插页：7 页
版次：2015 年 12 月第 1 版　　2015 年 12 月第 1 次印刷
字数：150 千字

定价：28.00 元

为“苕片警”点赞

苕，又称红苕、红薯。湖北方言指土气、笨。而今引申义为一门心思，一个心眼，形容人的心眼实，一根筋。

两年前，当吴和平的事迹在荆楚大地、在全国公安系统叫响时，湖北省委书记李鸿忠多次说到，他到湖北工作学到一个词“苕”，苕的特质是，扎根泥土，朴实无华，反映在实际生活当中就是办事踏实、为人实在、脚踏实地。李鸿忠要求党员干部发扬苕一样的精神，做实在人、老实人，踏踏实实为老百姓办事；发扬苕的精神，求真务实，做扎根厚土的红苕、土苕和甜苕，虔诚笃实、赤稚专一，“行大道、民为本、利天下。”

吴和平的人生经历处处闪烁着“苕精神”，那就是爱岗敬业、尽职尽责、吃苦耐劳的苕劲；孜孜不倦、勤勤恳恳、亲民爱民的苕气；不争名利、扎扎实实、默默无闻的苕样。他的“苕精神”还包涵着把群众当亲人、处处为民着想的胸襟；始终把群众的小事当大事，点点滴滴分忧解难的善美；几十个春夏秋冬在大街小巷走来走去，确保一方平安的毅力。

吴和平从警 30 年来，累计调处纠纷近万起，救助帮扶群众 2000 余人次，在年复一年的行“走”中，探索出“迎、听、办、释、送”的群众工作法，以真诚、真心、真情成为群众信赖的贴心人，先后获得“湖北最美警察”、“湖北省优秀共产党员”等荣誉称号，并荣立一等功。2013 年 3 月 9 日，距离退休不到六个月的他，因常年超负荷工作，在完成值班任务后突发脑溢血，手术后至今昏迷未醒。两年多过去了他还“活着”，他憨厚的笑容和贴心的话语，仍留在社区居民和他的战友的心坎里，不间断有居民有战友到医院去看望呼喊，与他“说话”，盼他醒过来。

同样令人感动的还有他的妻子王旭峰。

被确诊为植物人的吴和平在医院躺了两年多，面对病房里多个与吴和平一样昏迷的病人先后被他们的亲人放弃，面对教授专家一次次明里暗里提醒吴和平醒来的可能性不大，王旭峰“痴心”不改，坚信会出现奇迹，丈夫会醒来。她不屈不挠地守候在床头，日复一日地呼喊，把伺候丈夫当日子过。漫长的痛苦和不分白昼的操劳，把她的黑发磨成了白发，牙齿熬掉了几颗，守护期间心脏病发作险些丢命。手术后她的身体极度虚弱，没力气喊，就在心里与丈夫交流，一夜夜守候到黎明，一天天幻想梦成真。可是，病床上的丈夫总是那样“一动不动”，有时她难过得发疯般地大吼大叫，希望丈夫动怒，哪怕是吭一声，可丈夫回应的是无边无际的“平静”，她绝望得一次次大哭，可是哭过后又一如既往半跪在床头给丈夫擦洗、翻身、喂流食、刮胡子……丈夫的肌肉严重萎缩无法大便，她就用手抠。

盼望丈夫苏醒，成了她的人生目标！

日子多长，豁出去的决心就有多大；命有多久，等待苏醒的时间就有多久。她与吴和平至死不渝的爱情，是湖北乃至全国警察夫妇的一个奇迹，也是“苕”，是“傻”的奇迹。

长篇报告文学《苕夫傻妻》用充满情感的细节，自然流畅的表达，细致生动地描写了吴和平夫妇的爱情和人生经历，深层展示了吴和平的性格特征。吴和平至善至美的品质不是与生俱来的，而与源远流长的孝文化息息相关，是德孝文化的土壤和环境养大了他。吴和平的父亲吴俊文刚出生就被亲人抛弃，又冻又饿快要断气时，是孝感的养父养母及干妈们的慈悲救了他的命。在苦难和“众爱呵护”中长大的吴俊文，不仅自己怀揣着感恩，而且把感恩原原本本地传给了儿子吴和平，让吴和平从小懂得感恩与回报，善良与包容，奉献与快乐——这些做人的法则。

无论后来他们的日子多难，遇到了多少坎坷，始终没有丢掉做人做事的本色。

全书写的是吴和平和他妻子的故事，却记录了孝感经历的时代变迁和孝感人忠厚朴实、尊老爱少、坚忍不拔、相互搀扶的德孝品质；吴和平也是孝感公安系统爱岗敬业的优秀代表。

吴和平夫妇是小人物，是平凡人，不得不为工作为生活奔波忙碌，所做的也非英雄般壮举，都是些不太起眼的平淡事、婆妈事。然而正是因为我们所处的时代不再需要为衣食住行发愁，社会的发展和观念的巨变，让群众生活出现了许多新情况、新问题和新困惑，需要深层关怀，更温馨的帮忙：孤独老人渴望温暖，留守儿童等待关爱，郁闷夫妇需要倾诉……一百个家庭就有一百种难念的经。片警吴和平自然不是万能药，但他兢兢业业把群众当亲人，真心帮一把、真诚说一声、真情劝一句……恰恰是群众最需要帮的事，是建设和谐社区容易疏忽的事，也是最容易赢得群众喜爱的事。

平凡的奉献同样可贵，同样得到了掌声和赞许。

期盼出现奇迹，吴和平能醒过来，盼望他重新走上大街小巷，盼望出现更多的像吴和平这样不计名利、默默奉献的“苕”。

孝感市副市长、公安局局长 [signature]

2015.8

目录

引　子

片警昏迷，探视者络绎不绝

三年了，吴和平还“活”着，平平静静地“活”在孝感第一人民医院的病床上。

斑驳繁杂、缤纷五彩的现实极容易覆盖昨天的往事，但凡听过武昌洪山礼堂吴和平事迹报告、看过大型话剧《吴和平》和有关他深度报道的人们，特别是孝感城区的许多居民，对他仍保持着鲜活的记忆，那是怎样的一天啊！

吴和平昏倒了，在孝感市中心医院抢救！

这个噩耗不仅让他的亲人呼天抢地、悲恸欲绝，也让许多居民食不甘味，睡不安寝，他们自发地一拨拨到医院看望，有的默默祈祷，有的放声哭喊。在重症室抢救的 20 多天里，去看望吴和平的群众络绎不绝，每天少则七八十人，多则一两百人，以至院方的保安不得不劝告探视的群众分批进入。短短三个星期，群众 30 元、50 元、100 元……捐款达 14 万多元。此现象引起孝感市区各级领导和媒体的关注：普通社区片警吴和平，靠什么赢得群众的如此喜爱？是什么原因让这么多群众对他难舍难分？

经各级组织调查核实，经媒体不断探访，大家发现，吴和平并没有惊天动地的事迹，他所做的，多是与居民生活息息相关的平凡事、普通事、鸡毛事、麻烦事、琐碎事、婆妈事。他所做的，许多基层干部也做到了，只是他做得更多一些，坚持更久一些，感情更投入一些。他数十年如一日扎根基层，把群众当亲人，真诚、真心、真情服务群众；为社区群众办实事、做好事、解难事，用真心换来真情。

群众喜欢这样的公仆，放不下这样的片警。于是在他生活工作过的地方，在他曾“走”过的那些村村湾湾、街街巷巷，至今传颂着他的故事。

1　倒在自家门前

2013 年 3 月 9 日，正月廿八，周六。

这是一个平静的日子，也是孝感城区百姓男婚女嫁、赶情赴宴、走亲访友的吉庆日子。然而对于王旭峰一家来说却是一个雾霭深重、悲怆痛苦的日子。

下午 4 时许，连续值班 24 个小时的片警吴和平，拖着疲倦的身子往家走——城西二路小区。他四肢酸软无力，步子显得有些拖沓踉跄，国字形的脸上略带浮肿，穿过熙熙攘攘的街道，他不时地跟熟人打招呼。

城西二路小区有 36 户人家，并排两幢居民楼看上去略显简陋，他家住左侧二单元顶部六层。小区出入口旁有个小卖部，一条简易村级公路，左边伸向槐荫大道，右连着百米外的村落。因这里离繁华地段有点偏远，小卖部前的三尺空地便成了村民和居民歇脚聊天的地方，偶有老年人摆桌凳，摸上几把。

通常情况下，如果吴和平正常下班，他也会到小卖部坐坐，东家长、西家短地聊聊天。搬到这里住了七八年，聊天让他发现了不少线索，帮群众解决不少疙疙瘩瘩的事。所以每次看到他回家的身影，在小卖部聊天的人就纷纷跟他打招呼，或让座或敬烟。若看他很疲倦，就让他在靠椅上躺一会，或催他上楼休息。

这日，他很累，跟大伙打个招呼就上楼了。这个小区没有电梯，栏杆锈迹斑斑，顶屋遇到暴雨天还有点漏。据说，2004 年这里刚建起时到处是泥水，不通水电不通路，业主进来要挽裤子，所以房价比较便宜。吴和平住的六楼那套只花了 6 万，当时交了 4.7 万元，剩下的钱，开发商听说他家有困难，同意暂时欠着。

吴和平本想直接上楼，刚进院子，一群四五岁正在捉迷藏的孩子们发现了他，一个小家伙挺着肚皮、扯起嗓门高喊："吴爷爷回来了！"顿时，孩子们从四处纷纷跑出来，燕群一般向他飞过来，吴和平慈爱万般地弯下身子，完成他们见面时的习惯仪式：老脸贴下小脸，小手拍老手。这个亲密的过程，让吴和平快乐无比、充满遐想，他的一对儿女早到了婚配年龄，他也该做外公当爷爷了，可两个孩子的婚事至今八字没有一撇。亲完这些孩子，往往有种隐隐苦涩爬上他的心头。

扶着栏杆，一步步爬上六层自己的家。在阳台收衣服的妻子王旭峰看他疲惫不堪，随口说："你睡会儿，晚饭喊你。"吴和平说："晚饭还早，别管我，你出去玩会儿吧。"这是吴和平清醒时留给妻子的最后一句话，也许是今生的最后一句。

王旭峰刚下到五楼拐弯处，听到家里吴和平的手机响了，她知道又来事了。这样的情况她已习以为常，一年三百六十五天的所有工作日、节假日、深夜或黎明，吴和平从不关手机，随时接听辖区的电话。极少是报警，多是孤独老人渴望温暖，留守儿童等待关爱，郁闷夫妇需要倾诉……这类电话听多了，王旭峰自然猜想到，丈夫至少会电话安慰对方一番，所以她并没有在意，继续下楼。事后想起这个细节，她万般后悔忘了嘱咐丈夫吃药。丈夫的高血压此时实际上已到了临界点，危险正一步步向他靠近。

约半小时后，在对面三楼与老姐妹聊天的王旭峰，突然听到楼下急切地呼喊："老王老王，和平发病了，昏倒了!"高血压三个字像露出狞牙的恶魔在她脑子闪过，她疯一般跑下楼。此时小卖部前乱成一团，在附近办事的新华街派出所副所长胡立听到焦急的呼喊，看到路人惊惶失措，职业的敏感促使他也向小卖部跑去，原来是昔日的战友吴和平昏倒了！他连忙和居民李友如等一起，把吴和平扶到靠椅上平躺，同时掏出手机呼叫 120。

跑到小卖部的王旭峰，看到丈夫脸色苍白，奄奄一息的样子，曾当过几年护士的她被突如其来的灾害击蒙了，整个糊涂了，只知道抱着丈夫大哭大喊。没想到吴和平接到电话后还是下来了。

最初十多秒，吴和平还是清醒的，手伸向装有手机和通讯录的口袋，似乎有急事没办完，要联系、要交代……然而他的手还没有摸到手机，人就失去了知觉。在王旭峰不知所措的哭喊声中，胡立已经呼来了救护车。

在场的群众纷纷出手，把吴和平抬上车。

胡立手一挥，救护车风驰电掣直奔孝感市中心医院。随后他又跑上跑下帮忙喊医生、办入院手续、联系做手术。王旭峰后来说，如果不是胡立、李友如等人帮忙，吴和平恐当时就没命了。

医生看到吴和平呼吸微弱，瞳孔已经放大，感觉没救头，不建议动手术。在吴和平亲朋的恳求下医院有所松动，不过要查看病人有无摔倒痕迹，如果有，做手术也没有意义。于是当着亲人的面，医生们剪开了吴和平的衣服，没有找到摔伤痕迹，这才同意做开颅血肿清除手术。

在快递公司工作的儿子吴恒斌几乎与救护车同时赶到医院，看到妈妈急得不知南北，从没有经历如此场面的儿子，双手颤抖着在手术协议书上签上自己的名字，随后泪水汪汪地将爸爸送进了手术室。

女儿吴恒敏在孝南公安分局通信科值班，接到妈妈的电话她有些不相信，当天下午三点左右她还与爸爸通过电话，也就是说，一小时前爸爸没有任何预兆。她请假，拦出租车，一路不停地安慰自己：爸爸没事的、没事的，是小问题，只是小问题。到神经内科才知道，爸爸已经转到外科三楼手术室。她忐忑不安，急忙赶过去，看到眼睛哭红的妈妈，恒敏的心沉了下来，抱住妈妈安慰说："没事的，爸爸身体好，不会有事的。"

这时，弟弟把姐姐拉到一边，哽咽着小声说："爸爸的情况很差，医生说血块很大，已经下了病危通知书，是小舅舅找了做院长的同学才同意手术的。医生说，爸可能出不来，我签字时手抖得写不了字。"

吴恒敏身子抖起来，她突然感觉自己的天塌了，心里喊了一声"爸爸"，泪水不由自主涌了出来。

此时，焦急不安的气氛笼罩着手术室外所有的亲朋，王旭峰的小弟弟王梅存与院方较熟，知道姐夫病情十分严重，更是心神不定，在手术室门前来回不停地走动。

一会儿，一个护士从手术室探头对王梅存说："你姐夫的情况很不好，心脏冠状动脉硬化，导致高血压脑出血，出血量大，即使手术成功，最好的结果也是植物人。"护士说这话时，王旭峰和一对儿女都站在旁边，全听到了，全都惊呆了。

无法接受残酷现实的王旭峰，被一对儿女搀扶着哭喊："老吴啊，你怎么会成植物人，你下班时还跟我说话，叫我出去玩会，你如果这样了，叫我和两个孩子怎么办啊!"

吴恒敏使劲地抱住妈妈，含着泪安慰说："爸爸还有希望的，有不少报道说，植物人可以醒过来。"孩子的四舅妈也在旁边安慰说："是啊，植物人至少人还活着，还在你身边。"王梅存过来安慰姐姐说："医生的话不能全信，只能信一半，他们总是往最坏的方面说。"

2　不敢看颅骨瓣

家人正相互安慰时，王旭峰突然问女儿："你爸的派出所来人了没有?"吴恒敏连忙说："爸身体好时总希望平平静静，不想闹哄哄的。今天是周末，你不要急，电话刚打过去得有个过程。"

王旭峰的情绪这才稍平静一点，一个小时后，那个探头的护士从手术室走出来，高喊吴和平的家属，亲朋们一起冲了过去。护士安排说:“你们去人到2楼重症室推个床上来,正在缝合,快要出来了。”

听到这个情况,吴恒斌的心里稍为平缓了一点,至少,爸爸避免了协议书上警示的“可能下不了手术台”那种让亲人无法接受的后果。

夜里8时20分,书院街派出所教导员施高华匆忙赶过来,询问了吴和平病情,安慰王旭峰说:“老吴是个老实本分同志,对工作勤勤恳恳,兢兢业业,昨天晚上还值了班的,今天怎么就出了这个事!”

施教导员又说,“黄所长到外地出差赶不回,打电话嘱咐我,你们有什么困难提出来,我们尽力帮你们解决。老吴的事我已跟分局说了。”

就在这时,手术室门打开了,亲朋们全都跑了过去,都用惊恐和期盼的眼神围住病人的上帝。主刀医生说:“病人已做了颅骨瓣去除减压术,血块已经清除,清除了约三两半血,缝合很快就要结束,等一会送到重症监护室观察。不过,我要如实告诉你们,病人送来时瞳孔已经扩大,情况很不好,预计后面的治疗效果不乐观,最好的情况也是植物人。”说着,主刀医生伸出他手里的橡胶套袋说,“这是切除的病人颅骨瓣,你们看要不要自己保存?”王旭峰看到橡胶袋里丈夫的头骨,整个身子瘫在儿子怀里。

吴恒斌后来说:“我也不敢接,那是我爸被锯下的头骨,触目惊心,吓得我和姐姐不敢看。”当时是他的小舅舅接过装头骨的橡胶袋,说了感谢的话。

处在半清醒状态的王旭峰,听到手术室格外刺耳的开门声,吴和平被推出来了,整个头被纱布绷带包裹着,露出的半张脸没有一点血色，还有点微肿，她担心医生说假话，绝望地喊："你爸是不是已经走了？"两个孩子顾不上答她的话，跟着手术车一路喊爸，一直喊到2楼，眼看着爸爸被推进重症室，然后门被重重关上。

一切静了下来，只有夜色缓缓流动。

不知亲人是死是活，不知能扛多久。

王旭峰捧着丈夫被医生剪开的上装，泪水汪汪，这件衣服是女儿花80块钱在网上买的，女儿开始想买贵点的，吴和平硬是不要，说不要牌子，只要合身就行。王旭峰叫儿子把丈夫的衣兜掏一遍，里面有通讯录、警官证和一百多元钱。接过这点零花钱，王旭峰的泪水忍不住掉了下来，说："你爸手里总是装这么一点钱，有时帮忙人家办事钱不够，就在我手里挪，可他自己从不乱花一分，什么都舍不得给自己买，一生没享过福，他要是这样走了，我也跟他走。"

姐弟俩跟着妈妈哭，不知道拿什么话安慰妈妈。

夜里10时，重症室医生把他们姐弟俩喊到一边，提醒说："你们的父亲病情很重，随时可能出意外，家属最好24小时在外面守候。另外，提前告诉你们要有准备，重症室一天估计要7000多元医疗费，有些进口药不在医保报销范围内，需要家属签字同意，我们才能用……"

就在他们说话时，孝南公安分局副局长熊新祥过来了，熊局长握住王旭峰的手，安慰说："吴和平几十年兢兢业业，是一个口碑很好的同志，我们已跟院方联系了，医院表示尽全力救治，有什么困难分局尽力想办法解决。"随后，熊局长安排了一名协警留在医院帮忙照料。

深夜，守在重症室外的姐弟俩，老想着医生嘱咐的话：

半个月危险期，前 7 天是水肿期，也是急性危险期；半个月内如醒过来，预后会好一些，否则预后会很差；后天做 CT 检查，如果颅内不出血，水肿高峰期挺过去了，就可以拿掉氧气；再之后，每天下午 4 点，亲人可以进重症室探视 15 分钟。

CT 检查不出血，成了姐弟和妈妈眼前唯一的期盼。

终于盼到了“后天”，CT 检查结果颅内没出血。可医生却说，虽然 CT 检查脑水肿没有恶化现象，水肿峰值正逐步下降，但这只表明度过了手术关和水肿关，病人仍在危险期，下一步将面临感染关的考验。

不管怎么说，两大关口过了！这个消息让王旭峰和她的一双儿女仿佛在满天的乌云里看到一丝光芒。而且，离她们进重症室探视的时光更近了。

这是术后第四天，他们将要第一次见到死里逃生的亲人。

重症室的门刚打开，妈妈和姐弟俩一下子拥了进去，仿佛分别了几十年。王旭峰和两个孩子第一次这么近地看着丈夫，看着爸爸。吴和平的头部仍用白色绷带包裹着，上面还有星星点点的血迹，脸上浮肿，眼睛闭着。“妈妈哭喊爸爸名字时，碰了我一下，示意我喊爸爸。妈妈做过护士，妈妈知道昏迷的人需要亲人呼喊。亲情呼喊能激活爸爸的脑细胞。”吴恒斌后来回忆说。

女儿不需要妈妈示意，一声接一声地喊：“爸爸，您醒醒，我是您最爱的女儿敏敏，我就在您身边，妈妈和弟弟也在您的身边，您睁眼看我们一眼，吭一声呀，爸爸。女儿给您买了一副钓鱼竿，准备您退休后钓鱼，您还没有开封啊！

爸爸，您还说了，今年年休假带我去上海，找最好的医院给我做美容手术，您说话要算数啊爸爸……”

儿子吴恒斌只知道哭，像小时挨了爸爸的打那样面对墙角，边用袖子擦泪，边抽动着双肩。疼爱中长大的儿子，无法面对突如其来的弥天大难，痛苦得一拳冲向坚硬的墙壁，墙上和手背留下了他的血迹。

两个孩子顾不上妈妈，也顾不上时间。直到受到感染、满脸泪水的护士说时间到了，要赶他们出去，他们才发现 15 分钟是那样短暂，那样不近人情。

王旭峰被孩子扶出重症室，才发现来医院看望吴和平的人比前两天更多了，除了吴和平的战友，绝大多数人王旭峰并不认识。她此前就知道，吴和平与居民关系好，平时有些礼尚往来，但再多，也不至于每天八九十人。看望的人群中有居民、村民、老人、孩子、退休干部，有几位婆婆连续几天在重症室外哭，整条楼道弥漫着揪心的气氛。

王旭峰突然明白，15 分钟的探视时间从此不仅属于他们一家人，还属于那些来看望的朋友们。

3 哪来这多朋友

第五第六天，吴和平仍在深度昏迷中。到医院看望他的人更多，重症室外、过道走廊、楼梯口上下都站满了。有的拦着医生打听吴和平病情，有的祈求平安，有的围着王旭峰安慰，几位婆婆依旧在那儿哭喊，把人心都喊碎了。

面对一拨拨一次次到医院看望、呼喊、捐款的群众，王旭峰在心里问，吴和平怎么会有这么多的朋友？他与群众的感情怎么会这样深？这让她感动又有点茫然，她是妻子，最了解自己的丈夫，丈夫心地善良，平凡又普通，几十年来早出晚归在街头走来走去，总在为居民的那些生活小事奔波操心，为此她没少与丈夫争吵，原来丈夫的所思所想所做的一切，一件件一桩桩全都连着居民的心，连着小区的家家户户。她开始留意，开始聆听居民和媒体介绍的她以前并非完全知晓的一些事：

——一位姓卢的爷爷说："我孙子卢伟出生不久，他的母亲就弃他而去。2010 年 4 月，卢伟与人打架后跑到广州打工，因没有身份证干了两个月就被辞退了。卢伟当时只有 17 岁，吴警官觉得他太可怜，如果不拉孩子一把，卢伟的人生就毁了。吴警官多次到分局户政科、区档案局，咨询卢伟的入户问题，又到卢伟曾经居住过的社区、做过临时工的街道收集户籍材料，开具出生证明。整个过程吴警官垫付了所有交通费和手续费，终于把我孙子的户口办了下来。我们爷孙俩激动地给派出所送去了'帮助一个人、温暖一家心'的锦旗。吴警官心里装着我们百姓，我们心里也装着他。"

——年过古稀姓林的奶奶由孙女陪着，身边的篮子里放着两只活母鸡，坐在楼梯台阶上眼巴巴地望着重症室玻璃门。林奶奶说："2010 年 6 月，我儿子把我从孝昌农村接到向阳社区，我独自出门迷了路。儿子着急报了警，吴警官跑遍孝感城区，直到当天下午 5 时才在孝感去武汉的路口找到我。见我饿得走路的力气都没有，吴警官请我吃饭，扶我休息。回到社区后我病了一段时间，他又给我找药方，买药熬药。我买了两只活鸡，等他醒来时给他补补身体，他病得这么重，我心里压着一个石头啊。”

——73 岁的张记蓉婆婆听说吴和平住院，已是第 5 次到医院，每次来都哭一场。她说：“老吴就跟 110 一样，他从不关手机，总是随喊随到。去年 8 月 1 日，我去市场买菜被一户人家养的狗咬伤。狗主人不认账，我只好到社区警务室找和平，他带我去打预防针，给我垫付了 700 元医药费。过后他多次找狗的主人协商，但因无法取证对方拒不认账。一个月快过去了，我心乱如麻，家里欠了不少外债，狗咬后又折腾掉了上千块，连孙子的学费都没着落，绝望得想一了百了。和平安慰我说：不能遇点坎就想不开，大家正在想办法帮你家解决困难。我这才知道，和平一直在与社区和街道联系，最终通过民政部门帮我申请到了一笔救助款，还帮我们一家人办了低保。和平是我家的恩人，也是亲人！孝感米酒营养好，清香袭人，甜润爽口，食后生津暖胃，回味深长。毛主席当年到孝感视察时，品尝后说‘味好酒美’。我带来了几瓶，等他醒来喂给他吃。”

——季庙村冯三毛说：“吴警官解决纠纷又心细又动情。2011 年 11 月，为宅基地我与二哥发生了矛盾，撕扯中将二哥的一位亲戚的拇指搞骨折了，我觉得我有理，拒付医药费，打算与二哥绝交。吴警官上门做我的工作。第一次我没有理他，一周内他连续四天去我家，帮我浇菜园水，到猪圈喂猪，甚至掏猪粪，他的真诚打动了我，最后我承担了全部责任。矛盾化解了，我与二哥重归于好。”

——在等待吴和平苏醒的人群中，还有两个聋哑孩子。几年前因家庭贫困，他们父母双双赌气离家出走，留下了高波、高浪两个聋哑孩子。两个残疾孩子的生活只有靠年过古稀的爷爷种菜维持，不久爷爷也病倒了，日子雪上加霜。老吴把老人送到社区卫生室治疗，当起了这个破碎家庭的临时家长，帮老人种菜卖菜，将年岁较小、符合特教条件的高浪，送到特教学校读书。随后四处打听孩子的父母去向，终于在半年后联系上了孩子的母亲赵艳。赵艳回家看到，家里被老吴帮忙料理得井井有条，非常愧疚。听说老吴病倒在重症室，赵艳带着高波、高浪来到医院。高浪边哭边比画，诉说着对警官伯伯的感恩。

——书院街道办事宣传委员胡叶说："2011 年元旦，我正准备回老家看望父母，突然接到社区主任谢君的电话，辖区御景苑小区阳台水管破裂，水漫金山。我赶过去时，14 楼的水喷到街面上都已经结成了冰，行人得小心翼翼。我急忙到现场，看到老吴正卷着裤腿，在冰冷的水中更换破裂的水管，他全身都淋透了，身子有些站不稳，我连忙上去帮他，等把漏水的问题解决好，他已冻得连穿衣穿鞋都得要人帮忙。我用责怪的口气对他说：您这大的岁数，还这样拼命！老吴打着哆嗦说：物业不在，我们不能看着不管呀。业主吴红兵说，幸亏吴警官发现及时，否则新装修的木地板就全泡了，要损失五六万元。"

——"无论寒来暑往，只要居民需要帮助，老吴都会第一时间赶到现场。居民遇到急事、隐事、难事都乐意跟他说，哪家的门他都进得去，哪家的话他都愿意说，哪家的心结他都解得开。群众把他当亲人，他也成了小区最忙最累的人。李婆婆的存折放忘了地方，找他出面；赵爷爷防盗门换了锁，把钥匙交给他，李婶晒的衣服刮走了，找他帮忙……"

4 浓浓战友情

吴和平昏倒后，战友们一次次到医院看望，情同手足。

——战友李砚蓝，是吴和平众多徒弟中的第一个，如今他已是书院街派出所副所长，成了师傅的领导。李研蓝说，老吴工作细心。一次在北正街巡逻时，他发现从民生商城楼上落下一个纸团，展开纸团看到里面裹着一张百元纸币，上面写着“救我”。他带着我们立即对临街楼层进行突击检查，果然发现里面有传销窝点，当即将所有人全部带到派出所，查明情况后，有的拘留，有的遣返，吴和平还给受害人100元路费，将受害人送到火车站。

——战友周文斌说，老吴工作耐心。汪窑村村民胡群仲的儿子胡刚去当兵的前一天，领了军装坐“麻木”回家，因一元钱车费，与麻木司机发生撕扯，将麻木司机推倒在麻木上撞伤。报警后，麻木司机的爱人陪麻木司机到法医门诊做司法鉴定时，麻木司机的爱人突发急病，死在了法医门诊部。麻木司机的家属随后纠集了八十多人到胡刚家闹事。接到报警后，吴和平带领我们赶到现场，他耐心做死者家属的工作，他一直空着肚子，从中午十二点直到第二天凌晨，才将此事调解好：双方达成协议，由胡刚赔偿麻木司机的损失。

——战友李新华说，老吴工作踏实。2011年8月，环城路两家夜排档商户，因抢摊位发生群殴，双方多人受伤，调解时，双方纠集了不少人到派出所施压，情绪激动，场面混乱。吴和平看到这种情况后，主动帮助我们书院警务区，把其中一方叫到他办公室耐心说服，终使一方做出让步，让这起复杂的纠纷得到了调解，避免了更加严重的冲突。

——战友冷树声说，老吴两袖清风，忠诚正直。1999年我从机关调书院派出所，老吴是警长，我是警员，他教我如何做群众工作，如何调解矛盾，总是那样耐心细致。在追捕逃犯、抓捕犯罪嫌疑人时，他冲在前，嘱咐我注意安全，发挥擒拿格斗技巧。我所在警务室是个先进集体，一天我正在办公室整理档案，忽然有一名辖区居民送来一面锦旗和一条名牌香烟，感谢老吴对他的帮助。老吴接受了锦旗，不要烟，那人说什么也不肯，留下香烟就走了。按说老吴可以受之无愧，但他说应该交公，于是他将这条名牌烟交给了所里的内勤。老吴就是这样一丝不苟，廉洁奉公。

——田少卿与吴和平年龄相仿，共事时间长，感情较深，每次到医院吴和平的床边，不管有没有回应，他都习惯说：老哥哥，今天感觉怎么样？

……这是我第5次到医院看望老吴。战友情加兄弟情让我始终放不下，想他快点醒过来，陪他说说话。

说句实话，我和老吴一起待的时间比家人都多，他病倒后，我心里总像有什么东西堵得慌。每次进病房，看到老姐姐王旭峰替他擦洗身体，我就先退出来，独自到走廊窗口，用双手使劲地揉搓双眼，然后掏出一支香烟平静自己的情绪，看着飘出窗外的一缕缕烟雾，思绪沉淀下来，几幅记忆中的片段不由自主地跳了出来。

为化解一次纠纷，老吴第6次给当事人打电话，非常客气地问对方今天有没有时间。我在一旁不耐烦地说：“像伺候老爷似的，不行干脆让单位把那人叫来。”老吴却说：“老田，莫急莫急，一件小事找到单位对人家影响不好，不利于调解，他们忙，理解理解。”

也是一件小事。向阳社区有一个单位的宿舍，老院子，没有物业管理。两对年轻夫妻住楼上楼下，楼上的下水道破了，水漏到楼下，两户为谁维修吵过几次，差点打起来。老吴接手此事，按说这不关公安的事，老吴却说小纠纷大隐患，在我的辖区就归我管。随后他开始两家不停地跑，楼上说，漏水部分在楼下；要楼下修；楼下说，是楼上用水，要楼上修。老吴苦口婆心，登门调查调解了很多回，两家都不让步。这可苦了老吴，他血压高，五层楼爬上爬下十几次，每次上下要停几趟，衣服里外都湿透，大口喘粗气，可每次一见到当事人，开口就是：“哈哈，你好你好，打扰了，今天我们再谈一谈。”

如此耐心，两家还不打算好好解决问题，怎么办？老吴终于有办法了。一个星期天，他找来一个修理师傅，敲开楼下住户的门，这家小夫妻出去了，只有他们的父母在家。老吴自报家门，说是他家的子女安排来修下水道的。随后，老吴跟修理师傅当下手，一会儿和水泥，一会儿扶梯子，折腾一个多小时，终于修好了下水道，然后笑眯眯地对两位老人讲：“爹爹婆婆，下水道修好了，回来跟他们说一声，莫再为这事扯皮，我走了。”老两口连声感谢说：“你留个名啊，我回来好对他们说。”老吴说：“叫我老吴就行了，有事打电话。”

第二天，两对年轻夫妻跑到社区谢老吴，我也在场。楼下夫妻说：“叫我怎么感谢您，我妈说老吴真是好人，客客气气，笑容满面，一大把年纪还自己动手，脏水弄了一身，催我快来感谢您。楼上的夫妇说，我们两家闹了快半年的事，让你一招就化解了，你其实是给我们讲了一堂如何做邻居的课，让我们受了教育，却不知怎么感谢您！”老吴听罢爽声大笑：“感谢什么呀，我应该做的，只要你们邻里之间和和睦睦，就是对我的感谢。”事后，我对老吴说：“你老这样花钱买腰痛，调解到这个份上世上少有。”老吴笑着说：“老田，干片警就这个事，没有调解不了的纠纷，只看有没有管用的办法。”

老吴倒下后，我常常想起他的背影。我刚认识老吴时，他给我的印象很深刻，一米八的大个，肩宽背阔，腰板挺直，见我后他热情招呼道：“老伙计，欢迎你啊”，说完留下一个高大的背影，又忙去了。不曾想这一见面，成就了我和他三十年的战友情。1998 年我调到和老吴一个警务区，他为人厚道，说什么也要把面对大门的办公桌留给我，说对着门空气好、视线好。从此十五个春夏秋冬，寒来暑往，不管换了多少间办公室，我俩位置始终没变，他朝里，我朝外，不论上班、下班，我都能看到老吴的背影；老吴时常会独自一人在办公室，写写画画记录案例，我常看着他的背影。老吴带着我在社区巡逻，他在前，我在后，从街头到街尾，一路和群众打招呼，那个亲热背影真让人羡慕。

参加清查行动，老吴总说，老伙计，你机灵点，跟在我后面，有什么事我可以顶一下，我知道，他是在用他宽阔的身板呵护我，其实老吴只比我大三岁。

社区居民常看到老吴的背影，如果一两天没有看到，就会问他的去向。他的背影出现在哪里，就把平安留在哪里。

这些年来，老吴和同事包片管理后湖、城西、季庙、汪窑、向阳社区，他自创了“走路工作法”，总是频繁地走街串巷，从小事中发现办案线索，从小事中发现治安隐患，从小事上为居民服务。“走”出了一方平安，“走”进了群众心里，“走”中对辖区流动人口、临时居住人员等情况了如指掌，他在大街小巷走了30年，行程10余万公里，他把生命已融入了社区，成为群众最信赖的“流动110”，最亲切的“吴总管”。

可是，老吴真的老了，最后一次见到他的背影是在他病倒前几天，他在社区召集网格信息管理员开会，对群众反映的出租屋问题安排入户走访，短短半个小时会议，他咳嗽了不下20声，我从他旁边望去，老吴的背有些弯曲，剧烈的咳嗽让他不得不使劲按住凳子。我揪心地看着，心想毕竟年龄不饶人，你这样拼哪是尽头啊？

可是现在，我的老哥哥，几天不见你，心里就空落落的，都想你了，你什么时候才能醒来啊！

……

5　不信喊不醒

时光一天天流逝，无论亲人、战友和群众怎样呼喊，吴和平除了偶尔眨一下眼皮，没有实质反应。

偶尔眨下眼，竟然给绝望中的王旭峰带来巨大希望。可是医生却说，那是不由自主的生理现象，如果连眨都不眨一下，就是脑死亡，就没命了。虽说是盆冷水，至少吴和平的脑子还没有死亡，至少没全部死亡。

脑子没有死亡，就意味着有希望醒过来。王旭峰固执地给自己建起一个希望。

然而，吴和平的病情发展一点也不乐观，坏消息又一次把王旭峰推向悬崖。医生说，虽然CT检查没有发现出血，但做手术的地方出现了缺血性坏死，这是世界性难题，到哪里都不好治。而且胸腔还有积液，肺部有炎症。医生进一步解释说，缺血性坏死就是脑梗，是脑出血后最常见的情况，吴和平的血管脆弱，出现缺血性坏死不可逆。以后将长期卧床，胸腔积液也将难以避免，肺部感染也是并发症之一。听完医生的话，王旭峰心情再次沉重起来。

喊过危险期，喊满60天仍无动静，王旭峰亲自给丈夫做了一次“睫毛反射实验”：测试吴和平的睫毛反射能力。她自己拿棉签，当着一群护士面去碰吴和平的睫毛，结果她自己认为丈夫的睫毛“动”了一下，而在场的护士们却都说没有动，即使动，也是无意识的“动”。

王旭峰就是不信，丈夫将是“活着的死人”，这是个残酷的结论。

2013年5月14日，在孝感市公安局副局长兼孝南区公安分局局长殷实再次带班子成员到医院看望慰问后，哭干了泪水的王旭峰从那天下午开始，连续在电脑上搜索了两天，她似乎找到了某种根据，底气更足了。之后她以商量的口气对陪同守候的老姐姐吴静珍说：“我听儿子恒斌说，他表哥有一个同学，与这家医院某位脑科专家很熟，我想拿诊断资料去见见这位专家。”

老姐姐顿时明白王旭峰准备下最后的决心。她连忙把儿子召到医院，要他带王旭峰和吴恒敏去见那位专家。

专家认真看了吴和平的资料后，开始语气还很平静，说话也婉转："危险期过了，生理特征稳定，只盼他快点醒来，如果三个月内不醒，预后情况就不太乐观。"之后专家再看片子，他的态度立即变了，绷着脸说，"这种情况治疗还有什么意义，片子黑了一片，就是花一百万，也不知猴年马月才能醒来，他实际上是活着的死人，是不可逆转的植物人。再说了，照顾植物人要承受万般艰辛，可能把健康人拖垮，病人都六十了，身体机能进入了衰老期，即使出现天大的奇迹，有一天突然醒过来了，生活还是不能自理，智商连3岁小孩都不如，治疗还有什么意义。"

王旭峰觉得这个专家太气人，当着家属的面竟然这样说话，她强忍着，把气得要拉她走的女儿拽回，用礼貌中带着严肃的口吻说："您的意思是，我们面临两种选择，要么放弃治疗，把人拖回去准备后事，要么在床头守着准备累死？"

专家说："我没这样说，但允许你这样理解。"

王旭峰终于忍不住了，她倏地站起来，火辣辣地对他说："我做过护士，你们这些专家总是把病人家属往墙角推。吴和平的危险期快过了，他的心跳、脉搏、血压正常，眼睛能眨，你让我们亲人怎么忍心放弃，怎么忍心往火葬场送？"

"我说的是现实，是科学。"专家坚持说。

"我不信你说的科学，只信我的亲人还活着。英国、美国、印度，昏迷三五年、十多年醒来的不是没有先例。我要守候，我要证明，我证明给你们看看，他到底能不能醒来。"说完，王旭峰拉着女儿大步走了出去。

回到病房，弟弟王梅存看姐姐气得脸色苍白，听说跟专家吵架了，安慰姐姐说：“你有心脏病，情绪放稳定一些，不要动不动就发脾气。医生说的是最坏结果，不是算命，是通过科学仪器检查判断的，绝对有他的道理，你不能……

“我不信那些道理。”王旭峰打断弟弟的话说，“你姐夫的生理指标恢复了正常，我们能忍心拖回家等着断气吗?”

此后几天，不管多少人来病房看望安慰，王旭峰简单应付后，都一门心思趴在丈夫的床边呼喊：“和平，我是旭峰，是你最亲的人，我要守候，要证明，要让那些专家看看，你一定要醒来，你要给我争口气啊!”

呼喊中，有一个令她激动不已的发现：吴和平的眼睛偶尔能连眨几下，眼睛望着天花板闪着一丝奇异的光，眼角似乎流出一点泪水，接着给他擦洗时，王旭峰感觉丈夫在主动配合……这些发现，让她激动不已，她进一步来了信心，贴着吴和平的脸说：“和平，那些臭专家说你是植物人，是活着的死人，他们全是胡说，你是好人，你太累了，你只是想多睡一会儿，你会醒的，你一定会重新站起来的，我守着你，等着你……”

似乎已进入幻想状态的王旭峰，在丈夫昏迷第68天，把一对儿女叫到她的跟前，不屈不挠地说：“妈妈想过了，你们的爸爸醒来后可出现四种情况：一种是正常人，看不到什么痕迹；二种是嘴巴鼻子歪斜，但不影响其他；三是需要用拐杖，但自己能走；四是坐轮椅，我已做好推轮椅的准备。退一万步说，就是专家说的，醒来的智商只相当于三岁的孩子——妈妈也要重新把他养大。”

看到一对儿女哭得抬不起头来，王旭峰含着泪水顽强地说：“爸爸是我们的亲人，也是众多居民的亲人，我们没有权利放弃他。妈妈要证明，只要他的眼在眨，就要证明；只要妈妈还有一口气，就要证明到底；妈妈相信，爸爸一定能醒过来的。以后，妈妈没有时间管你们，你们要学着照料自己，恒敏回去把你爸往日爱哼爱唱的老歌老曲，录在手机里拿过来；恒斌回家把你爸爸生活、工作及办案日记全部拿过来，妈妈要用。”

“还有，”王旭峰说，“你们的爸爸身体好时，最喜欢吃孝感麻糖，他现在需要营养，需要蛋白质、葡萄糖和多种维生素，需要暖肺、养胃、滋肝，他自己不能吃，我要把麻糖做成流食……”

发誓守护到底的王旭峰，嘱咐完这一切后，又考虑到节约费用，安排儿子买来做流食的炊具和简易生活用品，拿来了她的换洗衣服，做好了豁出生命寻找证明的一切准备。

第一章

发誓证明，“霉嘿”丈夫无祖籍

昏迷第89天。孝感市中心医院第10楼51病房。

新华街耄耋长者赵长床，惊闻吴和平昏迷不醒，牵肠挂肚，寝食不安，拄着拐杖颤颤巍巍来到医院病床前，连连呼喊没有动静，老泪纵横地说：吴和平没有祖籍，随恩祖吴姓，其父吴文俊零岁被亲人抛弃在梦云县沙河乡一农户牛棚，后被孝感匠人吴得志收养，是吸多位慈母奶汁、受百位恩赐长大的，因此吴文俊对篾货街的长辈们感恩戴德、恩逾慈母，毕恭毕敬，乐善好施。在他的影响下吴和平从小憨厚善良，尊老爱幼，助人为乐，深得居民喜爱。

王旭峰安慰说："爷爷放心，吴和平的眼睛有时能眨一下，生理指标基本正常，我不相信医生说的话，他不是植物人，他是累很了，他在睡懒觉，我会用你们说的往事天天唤，日日喊，刺醒他尘封的记忆，激活他的脑细胞，他一定会醒来的。"

发誓寻找证明的王旭峰豁出去了，根本顾不上劳累，她信心百倍，唤醒丈夫成了她唯一的奢望。

1 疑似亲奶奶

一段年深月久的往事引领我们穿过时空隧道，来到“民国”十一年（1922），孝感老城篾货街，现新华街。

篾货街大堤外的澴河是孝感的母亲河，发源于豫南罗山与鄂北大悟接壤的灵山，主流域穿过孝感境内，经卧龙潭、白龙潭由西向东穿流而过，经谌家矶进入长江。二十世纪五十年代末改道前，澴水清流如镜，垂柳飘香，穿峰过峦，激石云回，蜿蜒进入孝感西门、南门、濒临东门，与陨水汇集于城南。她东通长江，西贯荆襄，澴水两岸呈现“舻来舟往，万户捣衣”的繁华景象。

因东汉孝子董永卖身葬父，行孝感天动地而得名的孝感除了迷人的自然景致，还具有深厚的孝文化底蕴。

古时孝感八景中的四景：泮沼荷香、琴堂槐荫、西湖酒馆、北泾渔歌均在孝感老城。其泮沼荷香，旧称学宫，孔庙“大成殿”，又称圣人殿，今孝南实验小学。老人们依稀记得，大成殿曾是香火旺盛的圣庵，承载千百年“孝感天地”的尊崇，见证着孝感人对儒家鼻祖的膜拜。

大成殿也是一个涵盖楚文化的建筑群，殿南为大成门，门前两侧有一对栩栩如生的石狮，小狮依偎在老狮子的怀里，样子极是可爱。篾货街六十出头的人，儿时大多在石狮怀里攀爬玩耍，自然也记得大成殿的南水池、石拱桥、状元桥以及古香古色的“科举考试”院，当年的秀才们参加完科考后，到石栏环绕长满荷花的水池旁休息，欣赏雕刻在石碑上的美妙诗句：泮池水满碧粼粼，露洗高荷绝点尘；菡萏繁开香人梦，倚栏应少爱莲人。

古时孝感城垣楼阁，典雅古朴，珍奇连缀，俗有“六城四码头、九街十八巷”之说。夕阳下，城楼披上一层橘红面纱，坐在大成殿青石台阶上，看晚霞笼罩老城，古韵悠悠，浮想联翩。

篾货街属于南门外正街范围。

南门码头，在相连的四个码头里吞吐量大，附近有条南北向的街称之为南门外正街，与府前街相接。清代至民国间，这条街以及府前街以零售为主，有专业作坊店铺，如瓷器铜器、纸张文具、糕点酱园、篾货木器等，店铺林立、商业繁华。至今老居民还记得这样的俗语：

金西门，银南门，
迎官送府走东门，
挑水卖菜小东门，
杀牛宰马进北门。

当年的南门外正街，日间帆樯如林，夜晚桅灯似星。行走客商、官府公差，送往迎来，穿行如梭，货物吞吐，车水马龙。经漫长岁月侵蚀，那些苍然古貌不复存在了，人们只记得，宋朝开国皇帝赵匡胤品尝米酒的传说，董永孝感动天的神话。

当然也有悲怆的记忆。世代生活文昌阁的胡寿田、胡松柏，改革开放时先后担任文昌阁（村）社区的书记、主任，谈到文昌阁兴衰的往事，又是眷念又是悲情，情绪异常的激动。40 年前，他们就想把文昌阁村建成在全国最有文化看点的村，曾经的设想如今已成了过时的幻想，现实由不得他们。

他们说，巍然耸立于澴水之滨的文昌阁有五层楼高，蔚为壮观，在大江南北与黄鹤楼遥相呼应，享有“南楼北阁”的美称，具有深厚独特的文化底蕴和人文价值，却不幸在“文革”中遭到毁灭性破坏，终在 1977 年完全被拆除。细说拆除经历，两位社区深资负责人痛惜得泪水差点落下，毕竟是孝感的标志性建筑和珍贵的文化遗产！如今哪里找得到？重建谈何容易呀！

胡寿田、胡松柏说：在他们祖父传下来的故事中，文昌阁正对着南门大码头，堆积如山的货物源源不断装船起运，但因“东通长江，西贯荆襄”的航程遥远，浪大水急，加上当时社会混乱，兵匪横行，不少孝感押货人离岸后，再也没有返回故里，有的连尸骨都没有找到。所以每次货船离码头后，亲人们便昼夜守候在文昌阁，烧香点蜡，叩神拜佛，保佑亲人平安。于是文昌阁留下“日有众生求佛，夜里万盏明灯”的传说。

文昌阁旁边的箧货街常年琳琅满目，春天，细雨纷飞，如棉如絮，磨平了棱角的青石板，流着涓涓小溪，青砖老瓦房，上翘的马头墙，暗红斑驳的门窗，雕花刻纹的檐角，七彩天窗阁楼，吱吱叫却牢固的旧藤椅……散发着悠远的神韵，展现千百年的繁华与沧桑。

这个时候，一位打油纸伞的少妇踏着街头的青石板缓缓走过来，她高挑的身段，穿天蓝色旗袍，面容端庄秀美，目光亲切温柔，在人来车往、熙熙攘攘的街头显得高雅富贵，气质非凡，她边走边感叹街上的景色，不时地停下脚步，欣赏各门店前摆的簸箕、筛子、箩筐、竹篓、筲箕、晒席……这些外形美观、质地坚韧、轻便实用、制作精巧的篾器，让她有些流连忘返。她暗想，孝感有家喻户晓、世代相传的七仙女和董永的传说；有闻名于世、八方青睐的麻糖米酒，不曾想到，这条篾货街的篾器也是货真价实，名不虚传。

她是来篾货街找人的。

她要找的人，是远近闻名的吴得志师傅。她想通过吴师傅看到她日思夜盼的骨肉。

她听人说，吴师傅手艺精湛，主要是做细篾。细篾更考验手艺，仅编筛子这一项，就分豆筛、面筛等四种，越往后越精细，越费工时，越不好编。吴师傅为人忠厚，诚信经商，不求高利，童叟无欺，以“真不二价”享誉楚北，人缘极好，备受各界尊重。

打油纸伞的女人快要问到吴师傅的店铺，甚至已经看到吴师傅铺面摆的精美篾器，可她突然犹豫起来。看上去雍容华贵、风姿绰约的她，似乎隐藏着很重的心事，她原本想到吴师傅的铺店里去坐坐，去聊聊，去满足她魂牵梦萦的一个愿望，可她心底的难处和潜在的巨大风险，又让她愁肠百结，战战兢兢，不敢贸然造次。犹豫时，有人看到她在街头走了几个来回，最后，她甚至以路人的身份去吴师傅店铺问问价、看看篾器的勇气都没有，沿原路匆忙返回了。

“也许，她就是我的亲奶奶！”

许多年后，家住湖北云梦县沙河乡吴家湾坳的吴静珍——吴和平的姐姐对笔者说，估计我奶奶做姑娘时非常漂亮，被迫嫁入了豪门，她表面享受荣华富贵，内心却充满了煎熬，为避灭门之灾，她只好深度隐藏着婚前生子、抛弃骨肉的隐私，强装笑颜，苦度日月。

奶奶这一返回，仿佛在眨眼间，时光就到了第三第四代人！

篾货街的老人说，吴得志师傅为人好，响亮百里，城乡有事没事的人，都习惯到他的店里坐坐。他的店铺常传出一些奇闻趣事，而最吸引人的，还是他家发生的事。

2　天上掉个“小父亲”

“民国”十二年（1923）初冬的一个黄昏，北风呼啸，雪花飞扬，刺骨的寒风像一把银针穿过冷硬的青石缝和布满苔痕的墙根，发出令人战栗的尖利嘶叫。篾货街头行人越来越少，一些店铺已经关门歇业。这时，街头走来一位穿灰色长袍、怀里抱着一个孩子的老翁，因穿街风太大，他头上戴的小圆帽被刮落，可他顾不上回头，任凭寒冷肆虐他稀疏的银发，依然抱着孩子挨门挨户打听，眼看天黑下来，着急的步子有些踉跄。

终于，他被人引进了吴得志的店铺。

饥寒的老汉走进这个陌生的家，顿时感觉给孩子找到了天堂，喊了一声“大兄弟”，精神一下子松弛下来，连忙把怀里棉袄裹着孩子递给吴得志的老伴，瘫坐在那里喘气、要水喝。好一会儿他才回过神，说出了带孩子找到这里的原委。

50天前，云梦县沙河乡陈家湾的吴老汉，早起去牛圈查看，忽见稻草垛上有个大红包裹，里面裹着一个刚生下的男婴，又瘦又小像个小老鼠，一看就知道是早产儿。吴老汉顿时想到，家门口是条北通安陆、随县，南连孝感、汉口的马路，一定是路过的女人昨晚生下抛弃的。随后，他在包裹里看到少许银钱和一张纸片，纸片上写道："人而为善，福虽未至，祸其远矣。"

吴老汉虽没有跨过学堂门，但这几句话的意思还是明白的，就是说，你做了好事不会有祸，做了好事将来有福。他们老两口天性善良，面对天上掉下来的这个孩子，百般疼爱，煮粥熬汤，昼夜守护，盼望孩子的爹妈返回时将孩子领走。可是等了一月有余，那点银钱早已用完，仍不见来人。

吴老汉夫妇的一对亲生儿女，业已成家，另立门户。老两口的生活来源，一半靠自己耕作，一半靠儿女供奉，虽不宽裕，日子尚可。忽拾到这个孩子，虽慈悲有余却力量不足，尤其是岁入黄昏，日渐西山，将这孩子养大成人实在困难，一番思量后老两口决定：边抚养边继续等待孩子的亲人。可是由于孩子是早产，体质太弱，营养和医疗都跟不上，整天哭闹，发烧抽筋，累倒不说，家里仅有的一点积蓄也将耗尽。

一对亲生儿女看到这个又脏又丑小老鼠般的孩子，勃然大怒，逼父母将小孩扔掉。吴老夫妇万般无奈，听说孝感篌货街的吴得志祖籍云梦沙河，虽然此"吴"与彼"吴"不共祠堂，也不同字辈，更没来往过，却听人说吴得志乐善好施，是大好人。于是吴老汉想都不想，抱着孩子找上门来了。

对于已有三个女儿的吴得志夫妇来说，老天爷突然赐给他们一个儿子，本应喜出望外，而实际情况远非这么简单。自古来，好人一般不是富人，富人一般在大富之后才变成好人。

吴得志夫妇虽是远近闻名的好人，但先祖只给他们留下了三尺铺面，靠编篾器、卖篾货勉强维持一家五口的生计，突然添丁加口，特别是加一个刚睁眼睛的病秧子，情形会发生骤变。可预见的结果是：付出极大代价没有养活孩子，落个人财两空；二是付出了极大代价，换来一家人一辈子纠结，再说他们夫妇不是没有生育能力，那时又不讲计划生育，继续生下去，生一个儿子不是没有可能；三则，大女儿七岁，二女儿五岁，小女儿比“小老鼠”只大三个月，三个孩子挤在一块儿，已够他们夫妇受了，突然再加一个会顾此失彼，影响三个女儿的教育与成长；同时会让他们这个已陷入贫困的家，雪上加霜。

吴得志的妻子刘氏，看到怀里的孩子冻得全身发紫，饿得快要咽气，顾不得商量了，边侧身掀衣喂奶，边扭头对丈夫说：“先把孩子留下，把命救过来，如果我们实在没有办法再送回云梦。”

吴得志想了想，说：“也只有这样了，先顾孩子的命吧！”

看到吴得志夫妇这般为难，吴老汉过意不去地说：“我连招呼都不打，就凭着你们的好名声，懵懵懂懂送来了，不知道你们家的条件并不好，实在让你们为难了。你们看这样行不行，孩子先放在这儿养几天，等他回过神来，你们实在养不起，我再来抱回去。这孩子是老天爷赐给我的，我不能不管，就是砸锅卖铁也不能让孩子死在我手里。”

吴得志的妻子扭头对他说："孩子连吸奶的力气都没有，就不说那些话了，等他在我家保住了小命，再说吧。"

吴老汉一夜没睡着，次日离开时，颤抖着从随身带的包里，掏出了一件红棉袄，一个童帽，一个小奶瓶，几块留有痕迹的尿布和那张纸片，声音颤抖地对吴得志夫妇说："我们也不知道孩子是哪里人，这是我拾到他时的证物。性命如天，如果孩子的父母找到我家，我还会来的。"

吴得志硬朗地说："孩子的父母找来，那是我们求之不得的事，我们会痛快地把孩子交给他的亲生父母的，这点你放心好了。"

吴老汉一步一颤离开了篾货街，把这个来路不明的孩子，以及孩子的命运，托给了此前并不认识的吴得志夫妇。

这个来路不明、生死难料的孩子，就是本书男主人公吴和平的父亲吴文俊。

这个充满希望带着梦想的名字，是收养这孩子半年之后，吴得志夫妇经历千辛万苦、深思熟虑后，才正式确定的。

"小老鼠"刚到这个家时，两个大女儿一点也不喜欢这个又脏又丑突然闯来的小弟，更让两个姐姐生气的是，以前非常疼爱小妹的妈妈突然变了，不仅把该给小妹吃的奶让给小弟吃，在没有奶水时，不顾饿得大哭的小妹，抱着小弟满街找奶吃。为给这个讨厌的小弟治病，家里生意近乎停摆不说，爸妈还四处借钱，请郎中救他的命。

就在两个大女儿生闷气时，吴得志家的叔叔和婶子们，看到这个来路不明的"小老鼠"走马灯似的到他家吵，要吴得志把"小老鼠"丢掉或送回云梦，几个信神信鬼的亲戚说吴得志收养了个怪物，怕沾晦气伤财气，威胁说，如果继续收养“小老鼠”，就树路，亲戚不走了。

吴得志夫妇顶住了各种压力，可“小老鼠”不争气，哭闹时把身子抓破感染，肚皮鼓得像青蛙，接着发烧、抽筋，抢救过来后连续 20 多天打针喂药，夫妇轮换守候，昼夜不得安宁。

五个月后，“小老鼠”终出现笑脸，看上去小命是保住了，但家里生活已陷入困顿。吴得志夫妇一番煎熬，做出一个惊人的决定：把不满周岁的小女儿送给云梦乡下的一户人家。

大女儿坚决不同意，抱着小妹不放，哭求父亲说：“不把小妹送人，我保证对小弟好。”

吴得志劝她说：“你快八岁该懂事了。这个小弟是人家万般无奈送上门的，我们也是无可奈何收下的，如果他有爹有妈、有根有底，我们绝不会收养。可怜他是一条命！刚回过神来，还要不断治疗，家里穷成这样子，我和你妈也是没法啊！”

大女儿泪水流成串说：“小妹太小不会说话，乡下苦，她会冻死饿死的。我宁可少吃少穿，也不愿把小妹送人。”

“我和你妈到云梦那家看了，那家姓赵，是个富家，家里有三个长工两个丫头，住大院子，条件不错。”吴得志接着说，“赵家与吴家还有点沾亲带故，女主人心眼好，小妹去了肯定不会挨饿，更不会受苦。”

大女儿仍不同意，她总觉得，是父母为了养好小弟才下这个狠心的。少许，她的眼睛瞪圆了，带着怒气对父母说：“你们一定要将小妹送人，那就让我去顶替，把我送给赵家，这样，既减少了家里粮食和银钱消耗，也好让你们腾出精力养好你们收养的宝贝儿子。”

大女儿的话，让他们夫妇面面相觑，吴得志想了想，坚持说：“人家赵家要的是小妹，不会说话才好养家。你什么都懂，已经养不家了。”

听父亲这么说，大女儿明白父母送走小妹的决心已定，没有回头的意思，她忍着快要涌出来泪水，把一个八岁孩子对父母的愤懑埋在心底，锁定在记忆中，仿佛在突然间，她长大了，懂得了人世间的沧桑，她心里不退让，表面却装平静地说：“我会洗衣做饭，会清场扫地，嘴巴又甜，即使当牛做马决不反悔。”

是夜，吴得志夫妇复翻来覆去睡不着，他们此前并没有意识到大女儿对小妹如此喜爱，愿为小妹不顾一切，这让他们感到特别震撼：孩子都愿当牛做马，做父母的什么难不能挺过去。吴得志夫妇随后改变主意，一个也不送人，一窝砣养大。只是，两个大女儿从此放弃了学业，协助父母编篾器，守柜台，卖篾货。

这个深明大义的“大女儿”，就是本书男主人公吴和平的大姑妈，后嫁到云梦沙河。吴和平读书和生活困难时，她和吴和平的另两位姑妈一起给了吴和平许多帮助。当然这是后话。

养父吴得志决定“一窝砣养大”后，养母完全没奶水了，吴文俊整天饿得嗷嗷叫。养父只好隔几天到街头去打听，哪家有坐月子的女人？问准了，就把吴文俊抱过去吸几口……吸来吸去，吸到两岁会说话喊人，篾货街多位妈妈成了吴文俊的妈妈。只要有奶吃，他喊妈妈喊得贼响。

在多位妈妈的哺乳下，吴文俊渐渐摆脱了“病秧子”的称号，身体一天天壮起来。刚入七岁，就被养父送到大成殿读私塾，一年下来，竟能把《三字经》《千家诗》《增广贤文》倒背如流。养父窃喜，教他篾匠手艺，教他学感恩，教他本分做人，教他乐善好施、慷慨仗义……于是，在篾货街头，常常能看到吴文俊扶老携幼的身影，能听到他干妈前干妈后的喊声。

新中国成立后第三年，养父吴得志做主，给养子吴文俊娶回了良家淑女龚玉香。他们小夫妇相亲相爱，幸福无比，万没想到时运不齐，命途多舛，与龚玉香恩爱四年，生下女儿吴静珍刚满三岁，一场突如其来的大病，夺走了 27 岁的龚玉香的性命。三年后，在多位干妈撮合下，吴文俊与汤家街四姆祠巷的姑娘余小翠结婚成家。

据说，余小翠的母亲开始坚决不同意把黄花闺女嫁给大女儿 11 岁、死了老婆带着孩子的吴文俊。也不知道是什么原因，余小翠的哥哥余小虎却认定吴文俊人品好，反复动员母亲改变主意，可是母亲就是不松口。

此时，已病入膏肓的养父吴得志明白了余小翠的母亲不松口的原因。他不愿闭眼前看到养子吴文俊打光棍，无奈之下，狠心将 5 岁的孙女吴静珍送给已嫁到云梦的二女儿抚养。余小翠的母亲这才同意把女儿嫁过去。余小翠于是成了吴文俊的第二任妻子。

1953 年 11 月，吴文俊和余小翠的儿子吴和平出生了。

照说，这个错综复杂的家庭该翻到平静的一页了，然而错得复杂的戏码仍在上演。

3 精明妈“霉嘿”儿

吴文俊和余小翠生下吴和平后仍不断吵架。

在余小翠的眼里，她的婚姻是家人包办的，是被动的，痛苦的，她恨家人不尊重她的意愿，恨自己性格软弱缺少抗争能力。婚姻不幸和精神苦闷让她脾气变坏了，而且经常闹病，身体更加脆弱。吴和平出生后，连吃了三天“喜头”(鲫鱼)，也没催下一滴奶水。于是，吴文俊不得不抱着儿子，重演养父抱着他满街借奶水的故事。

好在，吴和平半岁后，余小翠娘家哥哥的妻子、吴和平的舅妈生了孩子，且奶水丰厚。于是吴和平吃舅妈的奶便成了常态。在汤家街和新华街之间，他屁大点就独自跑来跑去，先是去吃奶，后是去吃饭，直到 6 岁回新华街报名上实验小学，仍把舅妈当成亲妈。

上一年放暑假，吴和平和表弟一起去了表弟乡下的外婆家，和村里小伙伴们一起跳房子、捉迷藏，一起唱童谣：

摇摆手，家家屋里走，
吃白米饭，喝甜米酒，
捉萤火虫，采莲藕，
热天过了不想走！

暑假快结束，吴和平哭哭啼啼不肯走，想长住舅妈家。舅妈狠着心对他说，你家在新华街，你妈妈叫余小翠，学校就在你家隔壁，你该回家吃住，回家上学。吴和平这才明白，他必须面对每天离不开药罐子的妈妈，全新的小朋友，还有爸妈的经常争吵，以及爸妈完全不同的教育方法。

那个冬天，孝感下过一场大雪，很少出门的余小翠感觉身体好一些，她看到午后阳光暖暖的，便带着儿子吴和平到街头跟结拜姐妹聊天。

这个时候，空中蒸发起一层淡淡的雾，老瓦屋上的积雪化成水嘀嗒嘀嗒掉落在屋檐边，清澈的小溪沿青石板缝隙缓缓流向低处的下水道。街头的行人渐渐多了起来，余小翠边与姐妹聊着街前巷尾的逸事，边顾着在街头堆雪人的孩子们。吴和平比妈妈结拜姐妹的女儿秀水小半岁，却比秀水高出一个头，他膀大腰圆、虎头虎脑，完全继承了吴文俊彪形大汉的基因。但他虽然脚大手大，做事却非常专注，他垒的雪人轮廓分明、样子逼真，而秀水怎么垒都不像，连鼻子眼睛的位置都摆不正。秀水越比越生气，干脆不垒了专门捣乱，吴和平做一个她推倒一个。和平不急也不气，总是以绅士的风度让着她，她推倒了，他再垒，而且还带着微笑垒。余小翠心里的火苗一闪一闪的，暗暗骂儿子太软弱，可她想到与姐妹关系不错，装作若无其事，和颜悦色地聊着天。

就在这时，李篾匠的儿子东狗加入了垒雪人行列，他的岁数与和平相仿，可是东狗天性霸道，总想占上风，动不动就动手，因此余小翠与东狗已经吵过几回。这日，东狗霸道的天性又发作了，他与和平抢雪，抢不赢当即翻脸，一掌将吴和平推倒在雪堆上。余小翠心里火直冒，在她的感觉中，为人太老实，不仅受外人欺负，连家人也会把你不当人，命运就像水塘上漂的一根草。可她却忍住了，因为孩子们穿得厚，雪地上再怎么摔也伤不到皮肉。令她忍不下去的是，吴和平爬起来后不辩解、不还击，像没有发生任何事一样继续垒雪人。而东狗显然觉得和平好欺负，没等和平靠近，又一掌把他推倒了。

余小翠再也忍不住了，冲上去想掴东狗一巴掌，手扬到空中，狠狠地骂道："你个小混蛋，谁给你的狠气，和平不打你，是在让着你，你反而觉得他好欺负。上回抢他的陀螺，我就饶了你，你再敢这样霸道，我撕碎了你。"东狗吓得嚎啕大哭起来。

余小翠还没完，转身给了儿子一巴掌，骂道："你个霉嘿（孝感方言，苕的意思），你手里端着豆腐？人家欺负你连个屁都不放，还厚着脸跟人家玩。你爸没有用，你也跟他一样没有用，我怎么生了你这样的儿子！"

两个孩子的哭声，顿时引来许多人围观。

东狗妈妈听到儿子大哭跑了过来，她也不是省油的灯，看到儿子很伤心，猜想一定是吃了大亏，当即与余小翠对骂起来。两个女人互不认弱，针锋相对，很快动手扭打到一起，彼此乱抓乱打，相互抓头发拧衣袍，在雪地打滚。身材瘦小的余小翠虽然长期生病，体质较弱，但打架靠的是机灵，她三躲两闪，一个翻滚竟然骑到东狗妈的身上，乱抓乱打。好不容易被人拉开，东狗妈觉得自己吃了亏，不依不饶，披头散发地一屁股坐在雪堆上，又骂又咒。骂语粗俗，但俗而不丑，拐弯抹角令人回味，一听就知道她是农村长大的：

你个胡萝卜烂心的，

你个阴沟里倒挂的，
你个牛粪里冒芽的，
你个狗窝里打滚的，
你个水坑里叫春的，
你个棉花田撒种的，
……

围观者起哄时，东狗的奶奶、吴文俊干妈之一拄着拐杖过来了，她把自己儿媳叫走，很威严地对余小翠说："叫你男人带儿子今天晚上到我家去。"

余小翠蓬头垢面回到家，一进门就给丈夫扔下一句话："你今天敢去东狗家，老娘就不跟你过了。"

吴文俊知道事因后，急得不停地搓着手说："这可怎么办怎么办？"他本想劝妻子几句，还没等他开口，妻子却抢先说："我知道你想说什么，你吃过东狗奶奶的奶，她是你干妈，满街都有你干妈，你的恩人！不过，她只是你的恩人，不是我和儿子的恩人，你欠下的人情账不能转到我们母子身上，让我们跟你低三下四忍气吞声。东狗欺负儿子我看不下去，明明是他家的孩子错了，东狗妈泼妇骂人，你的干妈还要你带儿子上门道歉，我们错在哪？道什么歉？"

"你说对了，东狗奶奶是我的干妈，我冻饿得只有一口气，是养母和她们这些干妈们，用奶水一口口救了我的命，滴水之恩当涌泉相报，做人不报恩，还算人吗？"吴文俊耐心地说，"吴家几代人在这条街道上没得罪过人，左邻右舍都相处得很好，你没有停过药罐，瘦得像搓板，还跟人家动手，为孩子的事闹翻天，伤身子又伤面子，值得吗？"

“你不在场，没看到我们儿子受欺负时那个熊样，猪尿泡打人不痛人气人。我不听你的鬼话，你软弱，也想孩子跟着你软弱。我管不了你的恩不恩，老娘来气了就想揍那个小恶霸，我们的儿子也不能让着那个小恶霸。”

吴文俊仍然耐心地说：“古人说，忍得一时气，免得百日忧；一忍一退，什么事都没了，何必要较真呢？”

余小翠对着镜子，边梳理边不解恨地说：“凭么事要我忍？人善被人欺，马善被人骑，软柿子总被人捏。你吃了人家的奶你嘴软，你去报恩，不要让我和儿子受连累，反正今天你不能出门。”

从窗口看到天快黑了，再不去道歉，干妈的火会更大，而且满街的长辈们会说我忘恩负义，恩将仇报。吴文俊越想越急，再次苦口婆心恳求妻子说：

“在孩子教育问题上，不能我在前面筑坝，你在后面挖沟，这样孩子会失去方向，不知是非。退一万步说，就是我没有这些干娘干妈，与东狗家是水火不容世代仇人，也不能冤冤相报，同样要谦和忍让。长期住在一条街上，避免不了磕磕碰碰，不能为丁点事拼死活，赌输赢。”

看到余小翠不接话了，吴文俊以为她听进去了，继续说，“人家越王勾践忍辱负重，卧薪尝胆；人家韩信忍得胯下之辱，建功立业；人家司马迁忍得宫刑之辱，终有《史记》流传百世……能忍能耐真君子，能屈能伸大丈夫……”

余小翠厌恶地瞅了丈夫一眼，之后她想了想，似乎想出来了一点名堂来了，突然变得不那么固执了，扭头丢下一句：“别在那儿憋着，实在想去干娘家道歉，你就去吧，最好带点礼品，但不准带和平去。”

吴文俊确认妻子说的不是气话，情绪立马好了起来。

看到丈夫出门走远了，余小翠才把坐在床边一直不敢吭声的儿子搂在怀里，心疼地擦去他脸上的泪痕，轻轻说："儿子，妈妈问你，你当时为什么不还手？"

"我已经准备还击，能把他打翻。"儿子信心很足地说。

"可你第二次爬起来还没动手？"

"爸爸说，忍一忍风平浪静，退一退海阔天空。小朋友间发生矛盾要先让三步，我只让了两步。"

"你爸瞎说，你块头大，力气大，绝不能受人欺负，半步也不让。"余小翠鼓动儿子强硬，却仍担心刚回新华街上学的儿子吃亏，接着又问："你有几个关系好的小朋友？"

吴和平如实说："张少华、赵文、王保平、王南甫……"

"那好，以后啊，你就跟这些小朋友玩，少跟东狗他们搅和在一起，离他们远些，实在躲不过去，就勇敢与他们斗。妈妈的想法是……"余小翠把溜到嘴边的话压下去，她的心机其实已经露了出来。她改变主意让丈夫上门道歉，实际上是丈夫提醒了她，历史上那些隐忍、最终成就大事业的人物，给了曾读过几年私塾，充满向往又无可奈何的余小翠一个启发：如果你想彻底毁掉你的敌人，最好的办法是接近他，跟他交朋友；屈服他，让他信任你；即使看他错倒了地，面临着巨大危机，不指正不建议，相反还要万般阿谀，千般奉承，百般逢迎，像奉君子那样唯命是从，满足他的一切自尊与欲望，让他感觉天下太平，没有一个敌人，没有必要与任何人竞争，促使他玩物丧志失去智能，糊里糊涂失去判断，也许不等到报复就已经衰亡……

余小翠恨之入骨地想，明明是东狗一贯霸道，东狗错了，之后又是东狗妈妈先动的手，吴和平的干妈却不问是非，还要求上门道歉，这说明干妈也是糊涂人。表面上是给她捡面子，维护她的尊严，实际上是在怂恿东狗，霸得对，霸得有理，等于给他火上浇油，让他在霸中失去是与非，并这样一天天长大，等他到了明白的那一天，也许就进了铁窗，没后悔药了。毁掉她家的根——这样回报还不够分量吗？

余小翠对儿子寄托着无限希望，盼儿子做她心里那种“强大”的男人。

然而，人生无常，命运多难。余小翠的深谋远虑仅仅停在了她闪逝间的思考中，她还没有来得及看到一点成功的影子，她的病情就进一步严重了，丈夫带着她东南西北治了八九年没有多少好转，最后躺在汉口一家肺病医院的走廊动弹不得，她连自己的命都顾不了，家的事自然也顾不了，就更谈不上对儿子的关怀教育和影响了。

从此，吴和平“人生第一位老师”全是他的父亲。那些年，新华街的居民总能看到这样的镜头：每年大年初一，吴文俊就带着吴和平，到各位干妈（吴和平喊奶奶）家行大礼拜年，吴和平学着父亲的样子跪地磕头，作揖。街坊邻里到吴文俊家串门，吴文俊总是满脸微笑，双手请坐，双手敬烟，双手捧茶；哪家哪户有难事，大到拆屋建房，小到水电故障，吴文俊哪怕正端着碗吃饭，也要放下碗筷，赶紧跑过去帮忙……

潜移默化、耳濡目染，让吴和平似乎完全复制了父亲忠厚善良、乐善好施、尊老爱幼、礼貌周全的习惯，逐渐成为吴和平的品质，以至许多年之后，城区的许多居民突然听说吴和平昏迷不醒，生死未卜，都会自然联想到去警务室找吴和平办事时，异常热情的记忆：

吴和平笑脸相迎，双手指向凳子说，请坐请坐，莫急莫急，有什么事慢慢说；随后双手敬烟，或双手捧上一杯茶递到你手里。送茶时，身体前倾，脸上满是亲和微笑。刹那间，投诉者被这种尊重的感觉强烈震撼，心灵距离顿时拉近，就是怒火冲天的人，经他一连串的热情和“双手”，火也消了一大半。

4　一次见肿三次见红

自从妈妈和东狗妈妈干架后，吴和平就开始“人以群分”，他与张少华、赵文、王保平、王南甫成了形影不离的好朋友，进进出出总是在一起；后到永新读初中、高中，吴和平还与刘先进、杨克夫、刘红霞、李春华、涂明普、陈超群、任汉明、黄建民，胡勇、王南普等同学建立了不错的感情。此后几十年，无论生活浪潮把他们推到哪个方向，无论是当局长、经理、医生还是平头百姓，都保持友好来往。

张少华对儿时的事记忆非常深刻，感叹颇多：

“那时的学生受传统教育影响深，单纯听话，自理能力很强，现在看来，不光吴和平有点霉，我们大家都霉。我们四个同学，在实验小学最早成立了学雷锋小组，都是自发的，赵文是组长。不像现在，学雷锋只是三月五日表示一下，我们是天天学，天天想做好事。我们几个人家离小学近，很早起床，摸进学校打扫厕所。那时厕所是坑池，很脏，要从很远的井里打水，一盆盆端到厕所冲，打井水很费劲，吴和平体力好，都是他主动干。

“上四年级，班里轮番打扫卫生，有一天两个值班的同学，一个生病没到校，另一个听到下课铃就跑了。下课快要走出教室，赵文给吴和平一个示意，我们立即明白要替同学做卫生，但又怕教师和同学知道，只好等教室里人走空才动手，我们把教室里外、门窗和操场全清扫了一遍。每次学了雷锋后，路过赵文家的门口，我们几个习惯比赛一番。赵文不仅喜欢锻炼，还非常爱动脑筋，他在家门前的树上，用绳子套铁圈，做成土吊环；用石磨套木棒，做成土杠铃。我们四个人比臂力，比耐心；看谁的力量大，谁身上疙瘩肉多，谁三角体型美。总之，看谁的德智体发展得好。吴和平在德体方面与我们三个不相上下，但智方面，有时比不过我们，不过吴和平能写出一手漂亮的钢笔字，常胜过我们……”

张少华的记忆中，他应该是第一个喊吴和平“霉嘿”的同学。

有一年夏天，张少华和吴和平带着哈巴狗去澴河钓鱼，打了窝子，摆好鱼竿，吴和平去丛草中撒尿，不知怎么搞的，惊动了马蜂窝，只听一阵轰鸣，马蜂像一团黑云向他们发起攻击。张少华和吴和平慌了神，鱼竿也不要了，用衣服裹着头仓皇逃窜。逃出好远，吴和平回头看到马蜂包围了跑在后面的哈巴狗，他毫不犹豫折了回去，脱下衣服裹着哈巴狗。结果他的头被马蜂蜇了几口，脸肿了好几天，眼睛肿成了一条缝。

张少华又好笑又感动地说：你个霉嘿，连人都逃不及，还想着顾哈巴狗。吴和平望着他笑了笑。张少华顿时明白，真正的霉嘿是自己，哈巴狗是爸爸的宠物，张少华瞒着爸爸带出去的，如果哈巴狗有个三长两短，挨揍的不会是第二个人。张少华爸爸是老革命，脾气有点暴。所以张少华对吴和平奋勇保护爸爸的宠物充满敬佩与感激。等吴和平消肿后，第一时间邀请他到南门桥下去摸鱼。

这时的澴水快要断流，早已没有了“舻来舟往、万户捣衣”的景象，河上只有一个圆木搭成的简易桥，河底露出了浸泡千年的河床，岸边残留着几处洗衣台阶。只是，到了雨季水位上涨情形就不一样了：圆木简易桥下，清澈如镜，水穿岩石，急涌而下，下游的鱼群便一群群往上冲，像棉花团在眼前跳，多得连站在岸边的婆婆展开衣襟，就能接到跳落的鱼。可是那年月，凡澴河里游的鱼全是公家的，只要有人去捉，就有民兵鸣枪示警。

张少华历来点子多，他安排自己的姐姐在对岸洗衣服，他和吴和平从洗衣的地方悄悄钻到水底，游到对岸的桥下去捉鱼，然后带着胜利成果从水底潜回洗衣处，把鱼放到姐姐装衣服的篮子里。

徒手潜到对岸的桥底，不过三十来米，倒没问题；抓到鱼，也没有问题；带鱼返回岸边就有问题了。因为手要划水，又要顾鱼，必须具有鱼鹰般的叼鱼技巧和划水本领。小鱼好叼，半斤左右的勉强，上了一斤重的大鱼就难了，稍不留神，不是鱼跑了，就是暴露了目标。不管多难，张少华每次都能得手，搞到大家伙，而吴和平哩，总怕被发现，动作失常，到“口”里的大鱼都逃掉了，叼回的，多是鱼孙子。每次，吴和平被张少华请过去大碗吃鱼时，吴和平总是拍着自己头笑着说：“我苕，老搞不过少华！”

不过，在同学们的记忆中吴和平至少有两次见红。

一次是读高一那年，他们班到卧龙学农，任务是，将一处曾是建筑物的土堆挖平，使其变成良田。任务接近尾声，两个女生累趴了，这时有人出主意，将最后的砖头石头全藏在担子底下，上面盖上一层土，哄吴和平说：最后一挑，伙计，最多五六十斤，咬咬牙，搞完了就撤军。吴和平一试，扁担压弯了，至少一百四五十斤。可吴和平并没有撂挑子，硬是挺着挑到了目的地。

返回时，同学们发现吴和平鞋帮沾满了血，才想到他妈妈长期生病，没有人给他做鞋，姐姐给他做的往往赶不上脚长的速度。就是冬天，他也很少穿袜子，脚后跟的冻伤一磨就出血。

第二次出血，同班的涂明普印象非常深刻，他说，大个子吴和平爱打篮球，虽说不是校队主力，但班级比赛绝对是核心。那一次，B班与他们半决赛，两个班的同学都到场摇旗呐喊，场面紧张激烈。最后几十秒双方的比分仍很迫近。对方突然暂停，B班的干部子弟海风上场了。海风个子并不高，球技也不咋的，却爱动手动脚，多次把同学搗伤，名声不太好。所以凡他上场参赛气氛就异常严峻，有时同学惹不起，干脆让着他不想上场。

吴和平提醒本队守规矩，能忍则忍，尽量不引发矛盾。不料，海风就是对着吴和平上来的，就在吴和平快速上篮时，海风用力一搗，胳膊肘搗在吴和平脸上，顿时吴和平双手捂脸，血从指缝直往外涌。“我们全班义愤填膺，拿着凳子拥向球场要揍那个小子。对方男女生见状也纷纷拥上来，双方摩拳擦掌，一触即发。满脸是血的吴和平这时很冷静，他频频示意我们全班退后，大声说，不要冲动，赛场有点小动作在所难免，友谊第一比赛第二，大家不要把比分看得太重，不要影响班与班的团结。连他自己都忍了，同学也只好忍了。

“开始我们觉得吴和平有点苕，他受了那么大的委屈竟能忍下去。出事后，我才真的感觉冲动的结果很吓人。”

张少华回忆说，“东狗结果不用说，后来他出事了，进去了，不过他是另一所学校的，没有与我们同过学，我们的同学至今没一个出事的，也许只是我闹腾了一回。”

这回没有见红，属于“隐隐见红”那种，后果却比见红严重得多。

吴和平大约 20 岁那年夏天，张少华去解放街和书院街交叉口的水果店买西瓜，他把选好的一个放在磅上称。这时，四个和他岁数相仿的年轻人，抬着一筐选好的西瓜来过秤。其中一个不分青红皂白，把张少华正准备称的一个西瓜从磅上搬到一边，放上他们的一筐，张少华一看气就上来了，固执地将那一筐西瓜搬下去，又放上自己的西瓜。对方仗着人多势众，一脚把张少华的西瓜踢开了花。高高大大的张少华毫不示弱，飞起一脚，把那一筐西瓜踢得稀里哗啦。对方四个人眼都红了，骂骂咧咧一起向张少华扑过来。

张少华当然知道一对四的结局，但他毫不畏惧，也不顾什么后果，拿出从小练过的功夫，展开架势，对准最前面的一个，快如闪电，一脚踢到那人的大脚根上，但听见“哎呀”一声惨叫，那个人重重地倒下了，痛得捂着下身直打滚，另三个吓得脸色苍白连忙后退。20 分钟后，民警从围观的人群中把张少华和三个能走的带到书院街派出所。在卫生纸厂烧锅炉的吴和平听说后，连忙跑过去证明少华的身份和平时的表现。好在，挨了张少华一脚的那个人，睡了半天后能起来一瘸一拐地走路了；好在张少华平日不是惹事的人。张少华被接出来时，吴和平对他说：假如你穿的不是北京布鞋而是牛皮鞋？假如你踢那一脚不是差三厘米而是正中命根子？就绝不是隐隐见红，那结果就难说了。

张少华随后问吴和平，假如你遇到这样的事该怎么处理？吴和平说，发急时长呼一口气，把冲动的火苗压下去。一定要想着后果，绝不能因为几秒、几十秒的冲动毁掉自己的人生，一辈子后悔莫及。

张少华后来入了党，在原孝感县委开过小车，当过公司经理。遇到冲动时他心里的另一个“小小人”总在告诫他，无论如何要把脾气压下去，顽强地挺过那几秒、几十秒。几十年了，他挺得很好，过得很平静，如今六十出头了，已经退休了，仍在武汉一家公司替朋友扛大梁。这次，吴和平出事后，他总利用空余时间，一次次去医院看望吴和平。

5　母亲死后才知道

1973 年暑假即将结束，吴和平的同学王南甫骑自行车去了城隍潭的麻糖厂，对在这里做临工的吴和平说：“整个暑假你都在这里拉砖填土，暑假作业做了没有？需不需帮你抄？”

身高冲到一米八，壮得似铁塔的吴和平停下手里活，憨厚地笑了笑说：“我的成绩一般，再努力也不中，作业应付了。明年毕业后，如果不下乡插队就去当兵。”

“你是独子，妈妈又长期生病，这两个想法可能都难实现。”王南普随后更改话题说：“后天就要开学，我好久没打篮球，今天来瘾了。”

吴和平听了激动起来，说：“我先去趟卫生纸厂，跟我爸说一声。半个小时后，我们在永新球场上见。”

那天，他们正打球，天气突变，狂风卷着乌云像锅盖压住头顶，天色黑下来，倾盆大雨像天被捅破了似的往下倒。

暴雨下的时间不长，可因为雨太大，下水道排不及，老城的街面都被雨水浸泡。吴和平卷着裤腿回到家里，老瓦屋里里外外湿淋淋还在滴水，露出的柱子，在这场大雨之后看上去似乎有些倾斜。父亲吴文俊把家里所有能接水的坛坛罐罐都清出来了，摆了一满屋，还在客厅里挖了个小坑，把倒灌的雨水，用勺子转到木桶里。见儿子回来了，很艰难地伸起腰来，长叹一声对儿子说：“汉口结核医院又打电话，你妈的医疗费累积欠下 260 块。医院说，再不送钱去就停止治疗。你妈的织布厂报了 40 元药费，加上我这个月的工资，你明天去趟汉口，把钱送过去。”

吴和平默算了一下，妈妈厂里报的和父亲 46 元的工资（留 15 元做他们父子的生活费），加起来还欠一大截，连忙说：“我在麻糖厂干了 37 天，一天一块二，加了 9 个班，除每天的午餐费和借了两次零用钱，应该还有 40 多块。”

“我已领了，你的工钱是 45 元 6 角，给你留 6 元学费。全凑在一起裹在布包里，走时绑在身上。”

吴和平看到裹钱的布包，他想说：这点钱连欠账都不够，妈妈怎么往下治？可是细一想没法说出口，他知道，妈妈治了十多年，药费厂里只能报小部分，父亲每个月的工资，除留点钱买米买盐，全送到了医院。自己的学费和生活费，一半靠三位姑妈和姐姐资助，一半靠自己打零工。

吴文俊看儿子发愣，猜想到儿子的心事。虽然日子苦不堪言，但他这个做父亲的仍充满信心，他平静地说："从你六岁起你妈就闹病，折腾了这么多年，家里像被大水冲了似的，还欠下了一屁股账。多亏你的三位姑妈和姐姐轮换去汉口照顾，她们都跟着拖苦了。好在，厂里每月有几十块钱，你也快毕业了；好在肺结核不是绝症，医生说如果营养充足，你妈妈兴许能慢慢下床。你妈能下床，就用中药维持，家里日子就好过多了。"

父亲说完，另给了吴和平一点零钱，作为往返路费。

想着次日要出远门，吴和平把屋里漏水清理干净后，打算早点睡，明天好赶路，正打水洗脚时，忽听到街头有人说：下水道堵死了，露天厕所的粪便溢满街头，清淤工忙不过来，明天太阳一晒，街上臭得不能走人。父亲显然也听到了，吴和平听到父亲在墙角拿起铁锹，叫他先睡，就出去了。

吴和平上床却睡不着，心事重重，想着医院的母亲和出门清下水道的父亲。

父亲的身世新华街家喻户晓。父亲的老家在哪里？父亲的亲生父母是什么样子？妈妈病重之前，爱纠结这些问题，而且这也成了爸妈吵架的佐料。

妈妈去汉口住院前几年，父亲对她特别耐心，背着妈妈南北治，劝她、哄她、安慰她，可妈妈高兴起来就什么都不顾，什么都敢说，老拿父亲的身世开心。说父亲吃了一百个干妈的奶，说父亲的命硬，把前妻给克死了。父亲开始总是不搭话，母亲得寸进尺，身体那样差，连说话的力气都没有，还挣扎着与父亲吵。父亲也不计较，总是宽厚地望着她笑。有一回父亲被逼急了，破天荒地说：我先祖绝不是普通人，我梦见自己在白云里穿行，看到高耸的群山、蜿蜒的天路直通云端，随后便是金碧辉煌的殿堂。母亲惊得目瞪口呆，从此不跟父亲吵了，她觉得无根无底的父亲，也许有那么一天会真龙现身。

日子再难再苦，父亲总是顽强地保持他的本色，不急不躁、心地善良，对他的多位干妈、对街头巷尾所有的人，一如既往地礼貌周全，热心快肠，解难分忧。

家里家外操劳，让父亲的身体每况愈下，吴和平亲眼看到父亲明明进厨房，身子却偏向客厅的墙壁。吴和平不知道这是什么原因，却知道父亲的身体肯定有故障。这会儿，他越想越睡不着，最后干脆爬起来，去看路灯下众人围观的下水道。

远远听到父亲在喊声：井盖露出来了！露出来了！

发现了井盖，仅仅是清淤的开始。

吴和平在他最早的日记中写了他当时的心境：

> ……我这时唯一的想法是，如果我不去替代父亲，他会毫不犹豫。因为撬开井盖后大家又为难起来：井内全是杂物、油污和粪便，臭气冲天，令人作呕。要清除窨井内淤泥，必须先清除上层的污物，这是一个很难让人下决心的现实。我不禁扭头看了一眼父亲，发现他正在卷裤腿，这更加坚定了我必须替代的决心。这是我第

一次在新华街公共场合露脸，所以当我要下去时，所有人的目光都转向了我。人们在困难时总希望有人站出来，哪怕这个人平时他们并不在意。

我进入了污物脏水至腰的井内，我的块头大，只能半蹲半潜，先将上面一层臭烘烘的脏物清理干净，然后用双手一坨一坨地往外抠，每抠出一坨腐烂淤泥，就翻涌出一层臭气泡，冒出更浓烈的臭味，令人直想呕吐，掏出的淤泥和杂物装了满满六板车，直到井上的市民欢呼通了通了，臭水下去了！我才爬出窨井，整个人变成了一个臭鸭蛋。

这时我听到四婆说：和平啊，接你爸的代啊，老实坨子，吃苦的坯子，去我家吧！我给你做鸡蛋面条。五爹挑来一担井水帮我冲洗。我这时特有成就感，一个劲地望着父亲傻笑。父亲说：你到河里用清水泡、用泥沙擦。

我从河里返回时，四婆已把鸡蛋面端到我家里，对我说，和平呀，大伙听说去汉口看妈，她病了这么多年，你家太不容易了，大家凑了几十块钱，代表街坊们的心意，只当我到医院看了她的。四婆说着，把钱塞到我手里……从那后，我开始明白，群众心里有杆秤，不是给你冷漠，就是给你微笑；只要你做到他们心坎上，他们总会报以感激……

这天夜里，吴和平激动得久久难以入梦，迷迷糊糊睡到清晨5点，天刚明，就起床直奔孝感长途汽车站。天太热，大清早就走了一身汗，想到前几次和父亲一起去汉口肺结核医院，车到汉口长途汽车站后，父亲舍不得花钱，总是坚持走到协和医院旁边的肺病医院，一路口渴得要命。

这回他自己当家了，做临时工提前支的还有9毛没花完，街坊又给了几十元，暗想买点零食或解解渴，应该没问题。却不料在横穿劳动公园时走偏了向，绕来绕去多走了上十里。

正是中午时分，高温达40度，头天打篮球，一夜清淤，想快点见妈妈，真当家了，又想到多节约一分钱，妈妈在医院欠账就少一分，热得全身汗透，不时喝街头的自来水，也舍不得买个冰棍。当他筋疲力尽出现在医院过道上妈妈的病床前，看到睡着的妈妈双眼凹陷，头发灰白，五指的筋脉瘦得清晰可见，他再控制不住，喊了一声“妈妈”便哭了起来。

在医院陪妈妈的二姑妈，看他从水里爬起来似的，心疼地说：“真不要命，天这么热，花几毛钱坐电动车送来啊。”

病入膏肓的余小翠睁开眼，看到儿子的头发不停地在滴汗，从布包里拿出来的钱，都被汗水浸透，口袋里的毛角都泡化了，也舍不得用一分。她难过得拉着儿子的手，头扭到一边哭，哭得什么都说不出来。和平劝妈妈说：“我快毕业了，不用妈妈担心，我会做临工。”

妈妈还是扭着头哭，什么也不说。

吴和平在妈妈病床边睡了一夜。第二天早上返回时，穿上二姑妈给他洗过的衬衣，他突然摸到口袋里有几十块钱，连忙返回病床，将钱塞到妈妈的床头。他没想到刚转身，妈妈突然滚下床，一下子抱住了他的腿，拼命哭喊：“儿啊，你要读书要生活，妈的命是一根草，不要再管这根草了，你不把钱拿走，妈就不让你走。”

儿子把瘦得皮包骨的妈妈抱到床上，噙着泪说：“妈妈不是草，是我的妈妈，学费爸爸留好了，妈妈不要担心。”

妈妈哭着说出了她积压了多年的心声：“儿子，妈这辈子对不起你爸，对不起你。妈妈不跟你亲近，还打你、吼你、疏远你，是因为妈妈的病有很大的传染性，妈妈没有给你多少爱，却不能害了我的儿子啊!”

吴和平捧着妈妈的手，哭得久久不抬头!

这是吴和平最后一次跟妈妈说话，也是最后一次见到自己妈妈。

三个星期后的一天，正在上课的吴和平被人叫回新华街。妈妈余小翠已躺在棺材里。母亲走时刚 42 岁。安葬母亲时，父亲把家里所有能变钱的都变卖了，只留下了做篾活的几样工具。

后来二姑妈说，自和平到医院送钱后，妈妈整天直直望着天花板，眼角默默流泪，不吃不喝，不愿吃药打针。天天自言自语道，儿子没得到母爱，小时老嫌他老实没出息，接了他爸的代，想让儿子学坏一点，免得将来吃亏。她记得，病情加重后，9 岁的儿子像突然懂了事，半夜起床屙尿还摸她的额头，好吃的他想吃，却先看了妈妈一眼，妈妈动了筷他才敢动；十多年了，吴文俊又当爹又当娘，勤扒苦做，省吃俭用，边给她治病，边供吴和平读书，每次往医院送钱嘴巴干起了一层皮，不舍多花一分，年月穿得像叫花子，太苦了他们父子……

之后，她就拒绝治疗，泪流干了，人就不行了……

第二章

憨人娶妻，洋相百出终成双

昏迷第 192 天。武汉红桥脑科医院 4 楼 2 病房。

吴和平的发小张少华，再次到医院看望。想到从小到大几十年不离不散、亲密无间，张少华站在吴和平病床前大声叫喊：霉嘿，你给我醒来，你这条懒虫，不能老这样躺下去，我们一起去捉鱼、去游泳，你听到没有？你再不动我就揍你。张少华再怎么喊，怎么斗狠，吴和平依旧无动于衷，结果把他自己喊得泪流满面。张少华回头惊讶地看到，王旭峰脸色苍白、大汗淋漓，趴在床头全身发抖，他不安地询问她的身体情况，这才知道，王旭峰刚动了心脏手术。

王旭峰缓缓抬起头来，满脸憔悴，声音很低地说："我的心脏搭了两个支架，还有一个血管有问题，检查说并不严重，可是发起作来难受得要命，不过少华你放心，吴和平不醒来我死不了的……吴和平住院的日子很长，你的事多，不要老往医院跑。"

张少华一阵难过，他理顺了自己的思路，拐着弯安慰王旭峰说："吴和平这一生娶了你，他也值，真有个三长两短是他的命，是没法的事，你不能一个巷子走到底，要顾好自己和两个孩子。"

王旭峰理解少华的心情，但她就是不能接受现实。她双手努力压在床沿，艰难支起身子，对少华说："吴和平的眼睛还能眨，手能动一下，我讲我们的爱情故事时，他的眼角有泪，有时好像在笑。前些日子，恒斌的姑妈照顾他也病了，我叫恒斌去云梦看看他的姑妈，恒斌晚去了两天，我在病房说这事时，吴和平脸上明显露出对儿子不满的表情。医院不断地在做检查，他的各项生理指标基本正常，我术后说不动话，就在心里跟他交流。他不是植物人，他是好人，他累了，他会醒来的。"

张少华随后又呼喊了一阵，仍没有任何反应，便更加不安地对王旭峰说："我隔个把月来看一次，吴和平总是这样没有一点动静啊。旭峰，我跟吴和平是光着屁股一起长大的，容我说句实话，你是不是被希望和失望折腾糊涂了？我担心你刚才说的是你自己的感觉，不是真实的，不然为什么这么久还不醒？"

王旭峰最怕听到这句话，她的声调突然变得强硬起来，说："我天天守在他床边，我心里有数，我懂医学，我不糊涂；我感觉到了，我说的话吴和平能听到，他知道我在等待。他的心跳、血压、脉搏在正常范围。只要他醒过来，他什么样子我都接受，放心吧少华，他会醒来的，一定会的。"

张少华实在放不下，又说："我进病房前问了医生，吴和平的思维部分已停止了活动，只有非自主的部分功能还在活动，比如呼吸、循环等。如果流泪，不是因为感情而流泪，可能是腺体的调节功能在起作用。发展下去，肾功能会衰竭，出现脑萎缩，肌肉萎缩，脂肪溃败，还有肺炎、尿路感染、褥疮等等。你太苦了！"

"到底什么时候醒过来，也说不准，医学上从来没有一个明确的界定。”王旭峰说，“不过，所有问题我都想过了，我也做好充分准备，只要他在呼吸，心脏还在跳动，我就要守到底。”

张少华感觉王旭峰彻底豁出去了，拉不回来了！充满了担忧。

1　门对门“看把戏”

1975 年 9 月，初中毕业后做了几年临工的王旭峰，在她 22 岁这一年迎来了人生的转机。阴错阳差，竟然与吴和平的命运搅到了一起。

王旭峰家在挑水街南 57 号，父亲王建华是孝感百货公司会计，幼年读过几年私塾，懂古文，熟诗书，退休后多年仍在孝感街头写字卖画，母亲魏幼芳是百货公司劳保店老员工，通情达理，能说会道，是孝感老城精明能干的母亲之一。相比吴和平家里条件，就当时的情况，不说一个在天一个在地，至少可以说一个在树上，一个在地上。在那个物质贫乏、买什么都要凭票找路子的时代，人们不一定需要认识孝感县的书记县长，但没有不想认识百货公司的人，哪怕是看院门和在食堂做饭的人。魏幼芳膝下有六个儿女，王旭峰排行第二是她唯一的女儿，金枝玉叶，看似宝贝，但魏幼芳却给女儿取了个充满阳刚之气、又不乏浪漫诗意的名字。从给女儿取名可以看出，魏幼芳有着与众不同的果敢性格。

旭峰一路成长，不仅受到父母万般疼爱，还享受着哥哥和弟弟们公主般的呵护，她下面的五弟，幼年时患过脑膜炎有点智障，带技术含量的活儿干不了，连到菜场卖菜都找错钱，但保护姐姐却是一根筋，是勇敢无畏的战士，谁敢弹姐姐一指他会拿命跟人家拼。王旭峰的个子略偏矮，算不上人们现在说的魔鬼身材，但她的美丽，她的精致，她的微笑，特别那对葡萄般清澈透明的眼睛和乌黑迷人的辫子，让她每每在街头走过，都会招来众多异性的目光。

王旭峰的爸爸本分、话少，家里大小事由妈妈说了算。在妈妈的安排下王旭峰经过护校短暂培训，终于有一个高雅的令人羡慕的职业——白衣天使，穿上白大褂在四街合作医疗所做护士。

仿佛是上帝有意安排，四街合作医疗所正好与吴和平的家对门，直线距离只有七八米。只要对面门开着，只要不是逆光，对面家的一举一动想躲都难。

最初，王旭峰看对面家的动态心不在焉，也不怎么往心里放，大体感觉是一对老少父子，没看到女主人，低矮陈旧的黑瓦房，模样儿相似的两个大个、同进同出一老一少，以及围着灶台转悠的白毛猫咪，砍柴的声响，生火的烟雾，热锅放油的哧哧，盛饭的响动……一幕幕在她眼前一闪而过，没有给感观留下值得扎根的东西，加之，刚上班业务不太熟，搬到这个新地方人际陌生，每天忙着发药打针、老的喊小的叫，里呼外应，没有那个闲工夫。

几个月后工作渐渐上路，街坊邻里也混熟了，闲聊多起来，对面家的事儿才断断续续、零零星星进入她的耳朵：

户主吴文俊，街坊私下称老篾匠，儿子小篾匠。以前，他家的店铺闻名遐迩，摆满精致的簸箕、箩筐、竹篓，生意红火。不过这一切早在“公私联营”时就折腾没了，剩下的一点被“文革”割尾巴给割掉了。老篾匠和小老篾匠都在卫生纸厂上班，要说日子是不错的，可惜小篾匠的妈妈余小翠一病不起，长期住院，把他们父子拖苦了，家里穷得叮当响。

听了这些，王旭峰依然左耳进左耳出，跟她一毛钱的关系都没有，一个姑娘家不需要过问与己无关的家长里短。可现实是，低头不见抬头见，想躲也躲不开呀！一抬头，就能看到对面家里的白毛猫咪、灶台、水桶、脸盆、锅铲碗筷，以及在阳光的斜射下小篾匠抱着书看的样子，这一切都清楚地跳入她的眼帘。

渐渐地，她看出来了，小篾匠干的是“三班倒”，隔三岔五上大夜班，下班回家时全身灰蒙蒙、脏兮兮，像从牢房放出来似的，一进门就冲向厨房，如果父亲的饭菜还没做好，他就脱下蓝色外套，边打井水擦身子，边洗自己的衣服，或择菜清场，或逗猫咪玩。饭后，小篾匠总是主动洗碗，然后捧起一本厚厚的书，沉醉在那平静的娓娓道来的文字里，往往这个时候，小篾匠像山一样壮实的身体仿佛也变成了蹲在他身边的白毛猫咪，是那样宁静温馨，像坐在一条忧郁的缓缓流淌的河流旁边，任凭昏黄落日的余晖透过树叶洒在他的身上，周围寂静无声，只有无声远去的似水年华和旧日荣光。每当这时，小篾匠就流露出一种莫名的伤感，透过老瓦房门窗凝视无垠的天际，仿佛在向某种神圣的往事告别——王旭峰隐约看到，那部书的封面是《青春之歌》，小篾匠看的那一段，也许正是林道静初恋时的情感描写。

有时候小篾匠吃饭时，白色猫咪便静静躺在他的怀里，老篾匠则坐在饭桌边，看着儿子风卷残云碗底朝天。这时老篾匠就显然格外快乐，比自己吃山珍海味还要幸福，口里不由自主哼着楚调，身子随着调儿晃动起来。

一次，正吃饭的小篾匠，手和碗筷突然定格不动，或许是他想到饭不多，父亲还没吃，他把碗里没吃完和已咬了一口的馒头一并放在桌上，内疚地望着老篾匠笑笑，然后拿着篮球，把衣服往肩膀上一搭，跳下台阶跑了出去。

日复一日，悠悠哉哉。

终于有一天，大约是 1975 年 3 月初的一天，乍暖还寒，天气多变，午后刚转暖又刮起寒风，市民连忙又裹上棉衣。王旭峰正准备下班，忽然听到对面传来惊雷一般的争吵，两个一米八的男人发起火来有点惊心动魄。王旭峰这时看到：街头正淅淅沥沥下起了阵雨，雨里混杂着冰雹，做小生意的人们推着、挑着营生纷纷找地方躲藏。常在老篾匠家门口卖鱼钩鱼线的瞎老头，抱着生意箱，摸索着往老篾匠家走廊上移动。就在这时，小篾匠大步跑回家，如山一般的身体擦刮了一下瞎老头，结果怀里抱的生意箱子碰到地上，摔得脆响，鱼钩鱼线、针头线脑，稀里哗啦散落一地。老篾匠顿时怒不可遏，边帮瞎老头收拾，边吼儿子："人家先生的眼神不便，你的眼睛长到胯里了？"

因为感觉丢了面子，小篾匠的回应声也很粗："垫脚石打滑，我又不是故意的。"

"故意还了得！"老篾匠怒斥道，"你晓得撞的是什么人？他是弱者，是挣一角钱换一口饭的穷苦人。《道德经》里说：天之道，利而不害；人之道，为而不争。你读了高中知道是什么意思吗？天之道，就是让人有利，而不让人受害；人之道，就是做了好事，不用去争结果。小时候老子教你那么多，你是怎么学的？你还有理，你必须给先生道歉，赔他的箱子和货物损失。”

瞎子担心他们父子闹得更僵，连忙对老篾匠说：“吴师傅，孩子真的不是故意，再说了，好多次刮风下雨，都是他主动帮我移动生意箱，还给我搬凳子倒水喝。你莫怪他。”

有先生做后盾，小篾匠的底气更足了，说：“我的工资全被你领走了，我拿什么赔，要赔你代我赔。”老篾匠看儿子不反悔，还很硬生生地与他顶嘴，火气就更大了，顺手拿起笤帚追打儿子。别看小篾匠高高大大却十分灵巧，在窄小的空间里，老篾匠怎么追都追不上，反倒因身体刹不住险些撞到瞎老头。老篾匠气急败坏，无可奈何地指着儿子说，“你，你别穿我的袄子，把老子的袄子脱下来。”

小篾匠迟疑了一下，飞快脱下袄子抛给老篾匠，身上露出打着补丁的蓝外套，硬朗地说：“一件破棉袄谁稀罕，冻死也不穿了。”一脚踢在门槛上，踢得泥水四溅，然后双手抱胸，迎着寒风跑了出去。白毛猫咪似乎觉得小篾匠很委屈，跟着追了一段……

王旭峰紧张地观察事态发展，她先是吓出一身冷汗，随后又产生一阵怜悯，暗自感叹：这个家，这对苦命的父子，竟然共穿一件破棉袄，孝感城区少见的穷，少见的苦！同时她的心里隐隐不安，天这么冷、这么晚，没吃饭的小篾匠会去哪里？这一夜哪儿过？王旭峰揣测着他们父子如何收场，她杞人忧天地做出几种预测：父子长期拧下去；小篾匠十天半月不回家；至少近几个晚上不会回家。

然而，事态的进展完全出乎她的意料，过了不到一小时，她刚要锁门下班，忽见小篾匠返回来了，依然是，边敲门边高声呼喊：爸爸，开门。更让她没想到的是，第二天上班路上撞到小篾匠，他仍然裹着那件破棉袄。

王旭峰心里微微颤抖，他们父子看上去不怎么交流，有时甚至很对立，但彼此相互依赖，感情上根本分不开，可以说心连着心，命连着命；她还发现，他们父子同样具有温和、善良、宽容的性格，不是那种爱冲动爱较劲的人。而且无论日子多苦，老篾匠总是有意无意在向小篾匠传递做人做事之本。

如果说性格决定命运的话，那么，这种性格又将是什么命运？王旭峰对他们父子接下来可能发生的事，产生了更多的好奇。

也不过是好奇，是生活的味精、闲聊的素材。大千世界斑驳繁杂无奇不有，每天发生的新鲜事儿一波接一波，后一波覆盖前一波，转眼在记忆中消失，听多看多了，反而让人麻木。加之，正奔前途的王旭峰需要静，需要学更多的护理知识。

她像云像雾，在新华街和挑水街飘来飘去，即便每天一百次看到吴和平，即使上下班在很窄的街面“碰得一溅”（方言，当面碰到之意），彼此都装不认识、不搭讪，似陌生路人。

突然有一天，王旭峰说，应该是她到新华街上班一年后初夏的一个周末，正上班的她，突然听到她的二弟王南甫在外面喊吴和平，她很惊讶，抬头看到，二弟边拍篮球边催促说：“和平，你快点行不行，像个女人磨磨蹭蹭。”

王旭峰露头喊二弟，明知故问：“你认识他，你们是球友？”

王南普感觉姐姐问得太初级，头也不回，边拍打篮球边有点不耐烦地说："读小学就是。"随后想起一件事，抬头对姐姐说，"你回家跟妈说一声，我要参加街道企业篮球联赛，今天回家晚一点。"

吴和平这时穿着配发的漂亮运动服，一个箭步跳下台阶，同时空中接住了二弟传给他的球，配合默契，情绪高昂，边向街头跑去，边相互传接，两个高大健美的背影，留在了王旭峰的心里。

这个场面的突然出现，让王旭峰与吴和平的距离飞快地拉近。

她再也不用隔着窗口揣测，门对门看把戏。上下班撞倒也不装陌生人了，相互微笑点头，偶尔还回头互看。一起说话也变得很自然，彼此底细也知道了。吴和平高中毕业后曾梦想当一名解放军战士，体检、政审都过了，却因三代单传被刷下，后准备下乡插队，也因这个原因被留下来。

吴和平当兵的梦想黄了，他的好同学赵文却实现了。张少华虽说有兄妹五个，但父母就他一个是儿子，他妈妈智慧超群，在张少华毕业前一个月巧妙安排儿子退学，这样一来，等组织安排下乡时已就够不着了。张少华也留在了新华街。

留下来的同学，最初多数都靠自己的"板眼"搞饭吃。

王旭峰门对门"看把戏"时，吴和平同样凭着三代单传的条件，在卫生纸厂已经干了一年多。

你在厂里搞么工种？王旭峰随便问，吴和平如实说：烧锅炉的。烧锅炉的丝毫没有影响白衣天使与他进一步交往。

每天一空下来，王旭峰就坐窗口后面瞅着对面：那里一切依然如故，又破又矮，黑乎乎的，似乎散发着一股浓重的潮湿霉味。瞅多了，瞅久了，目光变得有些痴迷，突然感觉眼前在变，那低矮破旧，那潮湿霉味，仿佛都变成了林木如墨、薄雾轻舟，散发着一种迷人的幽香，宛如春风醉梦中从没有过的一种美景。对面那个家，一切似乎都在微笑，在对自己召唤……她感觉全身弥漫着一种从没有过的幸福，莫名其妙地盼吴和平早点下班，好想看到他高大健美的身影……

可是，吴和平这时并没有注意到她的感觉。王旭峰回忆说，“高中毕业后，当兵的、插队的都走了，留下的只有吴和平和张少华。他们的友谊很深，常一起打球、游泳、读书，还一起翻院墙看电影。我是个影迷，常跟男孩们一起翻院墙……

“当时孝感就两家影院，一家在书院街，一家是地区影院。同一部电影看了无数遍，连演员的对话都背下来了，比如‘向我开炮’，就知道是《英雄儿女》；“不怪我们无能，只怪‘共’军太狡猾”，就知道是《南征北战》。尽管这样，我们依然兴致盎然，乐此不疲。

一天，吴和平跑卫生室窗口对我说：“今天书院街有进口片《多瑙河之波》，没有票，去撞撞运气。那天人山人海，有的上午就开始排队买票，排到了解放街口的水果店。听说这部进口片里有男女亲热镜头，大家都很好奇，没买到票的想混进去，可是书院街影院三面是楼房，无法翻墙。我疯疯癫癫地跟着吴和平、张少华他们去了地区影院。地区电影院四面是围墙，男孩子一个助跑就越过去。我哪儿行！只能靠骑在墙上的吴和平用手吊，像吊车那样吊进去。

“有一回，他把我吊进院子，又把几个我们不认识的女孩吊进去，地区影院门卫姓吴，鼻子像鹰嘴，外号叫吴钩子，每次电影一开场，他就拿着电筒在院墙根转来转去，捉到翻院墙的，不管男女都下狠手，我们恨死他了。那回，吴和平把最后一个女生吊进去，就被吴钩子发现，慌忙跳墙逃跑时，外套的两个纽扣挂掉了，次日我看到他用麻绳拧着，脸上还有几道印子，本想笑他傻，忽想到他没有妈妈，心又沉下去。几天后，又得到消息，地区影院放日本片《啊，海军》，真是迷死人！可是，票只配发给市直机关，不对外售，由部队站岗。不过我们都知道，部队哨兵只守大门，对围墙四周不关注，最担心的还是吴钩子，怕被他捉住。

“自吴和平挂彩后，张少华就琢磨教训吴钩子，他操起了小时候玩过的弹弓，趴在墙头等待，等吴钩子发现追来时，他一弹射出，不偏不歪正好射中吴钩子的鼻子，吴钩子捂着鼻子乱叫。也许是被打怕了，吴钩子渐渐马虎了一些。放日本片《啊，海军》那回，我们没怎么费力就翻进去了，可里面人山人海，根本进不了礼堂。吴和平，张少华就利用墙根旁的钢管避雷针，爬到二楼墙上的百叶窗，从窗子的空隙往里看，百叶窗的墙坎只二十多厘米宽，很容易掉下来，必须身子缩成一坨，死死抓住窗缝。吴和平自己不看，用肩膀搭着我……”

就这样翻进翻出、吊进吊出，吴和平与王旭峰的心灵距离更近了，渐渐碰出感情火花。王旭峰发现，吴和平虽然不是那种精明的人，反应比一般人慢点，有点憨有点傻，但他特别善良，身上有许多人没有的优良品质，已经爱上他了。

秋色融融的一天，王旭峰以借书的名义第一次走进了吴和平的家，没有女人料理的家杂乱无章，古老朽木，隐隐散发着一缕潮湿霉味，吴和平的小卧室四壁贴满了画报图案，简易书架上摆着《钢铁是怎样炼成的》《林海雪原》《母亲》《我的童年》以及私下流行的《青春之歌》等文学书籍。潮湿霉味里飘逸着一阵阵纸墨香味，相互覆盖，让她有种新鲜别样的感觉。

书架旁贴的毛笔楷文，让她心惊：

> 不知先祖，依随吴姓；百家恩典，幼长成人；养父养母，恩重如山；街头干妈，恩逾慈母；滴水之恩，涌泉相报；人生匆忙，功名如水；本分做人，求得安身；慈悲为怀，善举善得……

“这是我父亲的人生理念。”吴和平说：“父亲零岁被遗弃，险些冻死饿死，他说，他竟在人间活了五十多年，等于赚了五十多年，所以他对生命、对名利从不往心上放，总往下比，跟苦人比，甚至跟死人比，比得平静自在，心里也亮堂。父亲还说，人命只在呼吸间，他认为生命在生与死之间几乎没有什么距离，人对生命的无常要有清醒的认识，不仅生命短促如呼吸，生与死也仅仅在呼吸间。一气不来，便成后世。他对死亡、对生命有着特殊的思考。他总觉得人一生特别短暂，像一阵风，像一季草，应该把最美好东西留给人间，否则就不如风和草。”

这些超凡脱俗的想法，只有对生命有特殊体验的人才会有，刹那间似一道闪电在旭峰的心里定格，吴和平家里虽然穷，可他精神富有，他这一辈子留给人间的肯定不会是风和草——这种富有足够我一辈子享用！她坚定了与吴和平相爱的决心。

然而，现实比王旭峰想象的要难得多，妈妈魏幼芳知道她与吴和平相爱，愤怒不已，反复阻止，坚决不同意。所闹出的风波，成了孝感当时满街满巷的趣闻。

2 饿死也要和他好

秋末的黄昏来得很快，太阳早早地被建筑物蔽住，裹着浓重凉意的暮色，渐渐降临到二楼楼口。王旭峰被妈妈关在房里又是一整天了，不准她上班，不给饭她吃，不准别人进门。守住房门的妈妈同样自己也不吃不喝。

魏幼芳不同意女儿与吴和平恋爱的理由很简单：他家太穷——这也是从古到今父母反对女儿婚姻的一个重要原因。吴和平家真的太穷，直到现在，新华街年过五旬的人一提到吴和平家境，都会冒出两个字：造孽（方言，贫穷、可怜之意）。旭峰妈妈还认为吴和平不够精明，父亲是个老实坨子；住破房子，欠一屁股账；要什么没什么，看不到任何前途，女儿嫁过去划不来，传出去不好听。还有，旭峰的父母是企业的干部，是城区有点头面的人物。儿女可以不给父母争光，但不能给父母丢脸。

就这样，她们母女僵持了整整三天。魏幼芳对关在屋里的女儿说，蛋糕水果摆在门外，只要表示不与吴和平来往，立即有吃有喝。

王旭峰非常犟，不管妈妈怎么说她就是不松口，不投降。妈妈强忍着，继续苦口婆心对女儿说：“我的小祖宗，孝感家境好、人品好的家庭多得是，赵叔在地区机关物色一个科长；李婆婆介绍的那个男孩爸爸是局长，屋里宽得可以摆六桌，没见面就给你买了一辆永久自行车；还有鄂钢厂的那个工程师……你嫌这烦那，一个都不去见面，偏偏要和吴和平搅在一起。伢嘞，这世上啊，从没有无缘无故的爱，明里暗里总是讲条件、讲面子、讲实惠的，吴和平穿得像流浪汉，他还是个锅炉工；住的老瓦房，陈腐得好像撞一下就要塌；更重要的是吴和平太憨，你嫁给他靠什么生活？将来的日子怎么过?”

王旭峰知道，和妈妈这样对立不是办法，要想妈妈接纳吴和平，必须得让她先了解吴和平。这很重要，但需要机会。目前这样扭着显然不是机会，说什么都会听不进。于是干脆重复她的坚持不懈：

“饿死也要跟他好，我喜欢，我自作自受。”

多年后，王旭峰才真切地理解母亲当时的心情。其实无论哪朝哪代，做父母的心情和感觉都是一样的，标准也大同小异，他们对未来的儿媳和女婿都有一个基本概念，随着儿女的成长，这些概念渐渐清晰起来。老爹老妈的那些概念，绝不是空穴来风、凭空想象，那是他们一辈子人生积累的感悟，是对命运的一种彻心彻骨的体验和总结。儿女是爹妈基因的继承者，很多儿女不可能逃过爹妈人生的某些定式，不可脱胎换骨更改自己的世界，除非你有超凡脱俗的能力想一辈子去证明。但是，即使你通过顽强努力证明你的选择是对的，老爹老娘也许不在人世了，这种残忍的现实历朝历代折磨着许多人。

更何况，从男女生理心理特点上讲，女子一旦坠入情网，容易失去理智和判断力，往往把爱情看得比命还重，做的全是美梦，其行为不顾一切，亲人越反对她越坚持；而男孩恋爱相对清晰、隐蔽一些。婚后，当女方发现男方真面目时，一切都晚了，多少女子精心编织的爱情梦，在亮开幕布后完全破碎，悔恨终身。

看女儿顽固不化，妈妈把话说得更明了，说，“爱情说起来好听，但没有哪个能当饭吃。日子是柴米油盐，是风暴天要起床接漏；是大雪天要砍柴生火；是差一毛钱买不回油盐；是女人串亲时要穿好看衣服，是孩子上学时不缺学费，是生活绝望时他总有办法……婚前不明白这些理，没有思想准备，纯冲着爱情，是经不起岁月打磨的。”

听妈妈说得动情入理，王旭峰终于忍不住开口了：“我喜欢吴和平不是冲动，不是被爱情冲昏了头脑，而是他的人品打动了我。我感觉跟他生活踏实，心心相印，自由自在。家庭再富有，官再大，心思不在一块，日子怎么过，如何谈得上幸福？是的，他家目前条件差，没有妈，住房窄，还欠账，但他有颗善良的心……”

“俗话说，三岁看大七岁看老，吴和平是善良本分，但过于本分是没出息的，一辈子难有所作为。你想过没有？”妈妈尖锐地说：“你选择吴和平，说明你也没出息。世上没有绝对可靠的婚姻，少有持久的爱情。有想法的女人应该往上看，要敢赌，敢于去追求去征服优秀的、强大的男人。征服了他们，就等于得到你梦想的世界。可以肯定，十年二十年后，他的同学中有局长有县长，有专家有富翁，而你们极可能是普通人，事事要自己动手，事事要求人，你们下一代也要从零做起。”

王旭峰满脑子仍然是爱情，毫不动摇地说："满街都是普通人，做普通人有什么不好，吴和平人品够我享用一辈子。"

"那你就去享用吧！"妈妈气得把蛋糕摔在地上，恨恨地说："你要继续跟他来往，就饿死你。"

实际上，王旭峰的二弟王南甫早就料到了，妈妈一旦知道姐姐与吴和平相爱肯定要出面阻止，而且态度会很坚决，结果是一个毫不动摇，一个顽固不化，谁也说服不了谁，姐姐被锁在屋里是必然的。在鄂州插队的王南甫，还听说妈妈因此打了姐姐，关禁闭，还不给饭吃。情况严峻到如此程度，面对一边是好同学，一边是亲姐姐，他感觉不能不管。

回到孝感他悄悄给傻弟出主意，要他从窗口给姐姐递饭，还特别嘱咐傻弟，饭盒一定要撞到墙上，动静要大点。结果，傻弟还没有把饭递到窗口，就摔得大喊大叫，妈妈吓得直往楼下跑。等妈妈从傻儿的笑声明白过来返回屋里时，旭峰早已逃得不见影子。

魏幼芳立即想到是二儿子王南甫策划的，想找老二算账。顿时又想到老二与吴和平是好朋友，穿破裆裤就在一起，老二在背后搞小动作说明他们"在此问题上"早成了一伙，这让魏幼芳感觉情况的复杂性。她想了想，把老二喊到她跟前，一改她往日呼风唤雨的口气，像跟同事聊天那样亲和地说："南普，妈妈不同意你姐跟吴和平来往，想听听你的意见。"

王南甫看到妈妈为姐姐的婚事怄得憔悴不堪，拖下去不是事，干脆说："排开我与和平的私人友谊，有两件事妈妈肯定不知道，一件是，前年我跟吴和平一起在澴河游泳时，他从水中捞到一个装有金银的袋子，里面有一对金手镯，一对金耳环，一根金项链，一个金戒指，还有两块金砖，当时只有我在场。我们判断是‘文革’中，一些资本家怕挨整偷偷扔掉的，此前也有人捞到过。面对如此巨大的财富，吴和平丝毫不犹豫，把那些东西全都交到城关镇，用于修防洪堤坝和救济贫困群众，我们是一起送过去的，对方打了收据。第二件事，吴和平的妈妈病故前，是织布厂的正式职工，病人死后只要家属开口，厂里无论如何会给一笔安葬费和抚恤费，可吴和平说，妈妈病了十多年，厂里报了不少医疗费，已经找了不少麻烦，厂子是街道办的，利润不多，大家的日子都紧巴，实在开不了那个口。我听了非常感动，很敬佩他。”

魏幼芳随着儿子的思路反驳说：“如果他真爱你姐姐，为什么不从那包金银中，留下一点给你姐姐，他傻。”

“问题恰恰在这里，如果留下一点，姐姐也许不会这样坚持。这就是吴和平，他傻，是很少考虑自己，傻得让人由衷敬佩，傻得有他的原则和底钱。”

“人啦，不能太聪明。”爸爸王建华这时说，“九个人吃一盆面，如果其中一个人太聪明，动作太快，那肯定就有一两人连面汤都喝不上。国家这么大，需要很多人默默无闻，爱岗敬业，吃苦吃亏，如果那种聪明人多了，苦事累事就没人干，没人愿意去牺牲，关键时候都逃都降，国家再大、人口再多，又有什么用呢？”

妈妈若有所思，随后对老二说：“你去把张少华叫到家里来，我有事要问。”

张少华像接到军令似的来到王旭峰的家，知道来意后，他喊了一声阿姨说："您老人家是听公事还是私事？"

魏幼芳说："凡与吴和平相关的，我都愿意听。"

然而，张少华只讲到了几分钟，魏幼芳就不让他讲下去了。

少华说："我与和平玩从小时玩泥巴到一起读高中，家相隔不到 40 米，从没分开过。平和家境苦，没吃过、也没穿过好的，可他一路走来很乐观。我们小时都是少年队员，后是优秀团员，我国成功爆炸第一颗原子弹，我们把号外送到黄花、白龙、卧龙、金星，村村户户，一路上我们给五保老人挑水，帮生产队办墙报。到地区机床厂学工，我们利用废旧材料为学校做了一个电铃，替代了敲破了几十年的铜钟。学校组织去长湖学农，连续三四天插秧，我的喉咙患急性脓肿，土话叫长蛾子，是急性的，严重者一夜间便可窒息而死。我痛得连水都不能沾，天黑下雨，到处是泥，无法进城，只能等天亮。吴和平看我痛得缩成一团，感觉不能等，他不顾一天的劳累对我说，我背你回城。这时我已经感觉喘不过气来。阿姨你知道的，我家就我是儿子，如果我有三长两短，我妈肯定会急死。多亏吴和平，他扶着我，最后背着我一步一滑，走了十多里，凌晨前把我送到地区医院急救室。医生说，再来晚点就要丢命了。在同学中，我是第一个喊和平霉嘿的，那是因为他总是吃苦在前享受在后，他根本不考虑享受，也没法享受，他穷得有时吃不上饭，冬天与父亲共一件棉袄……"

仿佛看到吴和平穿着那件破旧的袄子、半饥半饱上学，仿佛看到他一分分省钱给妈妈治病，仿佛看到他扶着少华在泥泞的路上艰难行走……魏幼芳感动了，女儿嫁他或许过着平淡、甚至贫困日子，但他同样会扶着她走向漫长的未来。

她不让少华说下去了，立即安排老二说：“叫你姐回家，把吴和平也喊过来，大家今晚一起吃饭。”

看上去妈妈似乎松动了，实际上新的难题才开始。

3 连出三道难题

第一个难题当天晚饭时，当着吴和平面，妈妈就提出来了。

妈妈听似平静的口气却带着不可抗拒的威严，对吴和平说：“同意旭峰跟你处，但烧锅炉听着不入耳，卫生纸厂有那么多工种，一个堂堂的高中生，篮球运动员，竟然心甘情愿窝在那里烧锅炉，有没有志气不敢说，至少看不到展示的舞台。再说了，年纪轻轻的应该学一门技术，烧锅炉是老工人干的，你得尽快换工种。”

吴和平心里说：我当锅炉工年年被厂里评为优秀团员，模范工人，优秀民兵排长，多次代表厂里上台领奖，厂门口的宣传栏里还贴着我佩戴大红花的相片，难道这不是在展示吗？但他只能在心里嘀咕而已，面对如此强势的准岳母他吓得不敢抬头，眼睛盯着地板缝隙，连连说：“换，我明天就找厂长换工种。”

回到家里，父亲吴文俊听说后，想到厂长方梅昆住在同条街上，平时关系也不错，信心很足地对儿子说：“我去找老方，他会买账的。”

吴和平说："我的事还是我去说。"

方梅昆能力强，脾气躁心肠好。至今卫生纸厂的老工人说到谢世多年的方厂长，纷纷念他好。方梅昆喜欢实干的人，吴和平很对他的胃口，自然喜欢吴和平，明里暗里给吴文俊父子不少帮助。方梅昆也知道吴和平与王旭峰有恋爱苗头，但旭峰妈妈不是一般的母亲，旭峰是她家唯一的女儿，旭峰的综合条件好，人长得水灵，怎么比……他判断成功的可能性极小。

"方叔叔，旭峰妈妈同意了，我把工种调一下就成了。"

方梅昆向来相信吴和平的话，但这事他有点不信，用疑惑目光瞅着吴和平，充满怀疑地说："如果真同意了，我就立即给你调。"不等吴和平往下说，他长叹一声说，"你一个高中生，仪表堂堂，安排烧锅炉二话不说，全厂都说你干得好。虽说我心里舍不得挪，但只要旭峰妈提出了这个问题，我立即调。"

"同意了真同意了。"吴和平憋得满头大汗，连连说，"旭峰妈妈说，只要换个工种，别的没要求。"

"真同意了？"方梅昆惊喜地瞅着吴和平，他知道，老实人的眼睛从不会隐瞒真相，他这才相信是真的。

"那你想干哪一行？"

"只要不烧锅炉，干什么都行。"

一切是那样的顺利。第二天，吴和平通过旭峰向准岳母报喜，工种调整了，不再烧锅炉，操作纸浆机。

准岳母听说坐在控制间按电门，风刮不到，雨淋不着，技术工种，待遇又不少，很是高兴，立即同意吴和平正式上门。

真要上门，吴和平却没有一件像样的衣服。父亲吴文俊虽然高兴，但家底太薄，抠抠索索到街头给儿子做了一套外装，哪知试穿才发现小得像猴褂，根本不能穿。事到临头来不及了，王旭峰拿出私房钱带吴和平去商场重新买了一套。按规矩，新女婿头次上门不能空着手，可吴文俊这时连买两条普通烟的钱都拿不出来。王旭峰东拼西凑了7块钱，买了两条游泳牌，剩下两块五角，买茶叶、罐头和点心。上门那天，妈妈情绪很好，说了些好听的话，婚事就这样订了下来。

不料刚过了一周，妈妈到卫生纸厂找人，顺便到厂内溜达了一圈，回家就要王旭峰通知吴和平去她家。不知道准岳母葫芦里卖的什么药，吴和平惶惶不安，大汗淋漓跑过去，准岳母绷着脸说："搅纸浆比烧锅炉还脏，搅的都是些乌七八糟的东西，老远闻到一股刺鼻的气味，这是个什么工种？有毒气伤身体，不行，要换，你要是没有本事换，我帮你想办法。"

等吴和平离开后，王旭峰冲着妈妈说："你烦不烦，现在的工种已经很不错了，卫生纸厂不是你家办的，更不是你家的菜园子。"

妈妈说，"他快成我的女婿了，一个女婿半个儿，他又没有妈，我不管谁管。他不好意思说，我去找方厂长。"

这一回，的确为难坏了吴和平。

好几天，他在方厂长办公室前来回走动，想进却不敢进，不断给自己打气，反复演练见到方厂长如何开口，如何把话说圆。最后，他整理服装，跺脚咬牙，鼓足勇气，像执行重大任务一般，大步走进了方厂长的办公室。可是，还是因为底气不足，在与方厂长对视那一瞬间，把想好的话全忘了，变得语无伦次，吞吞吐吐。

方厂长终于听明白了，又想换工种，就有些不高兴地说："和平，你是优秀团员，工人标兵，也是厂里的形象代表，有了女朋友该更好地工作，你看你，刚调整才几天又要调，调来调去影响多不好啊。再说了，卫生纸厂都是苦活脏活，我们当厂领导的，也是一身臭气啊！"

吴和平羞得直想找个地方钻进去，然而眼下，爱情第一，岳母第一，再难也要厚回脸皮，于是恳求说："方叔叔，能不能暂时挪一下，躲过这个风头，再回来搅纸浆？"

其实，吴和平一开口，方梅昆就知道又是旭峰妈妈的主意。表面看，这个主意有点刁，实际从另一个角度理解，旭峰妈妈已把和平当自己孩子看待了。这么一想，方厂长多云转晴，露出了一丝快意，不过仍然很为难地说："暂时挪一下，你说往哪儿挪？条条蛇咬人，电工技术含量高点，你不懂电！"

"我学我学。"吴和平抓住露出的这个线头，连忙说，"我高中学过电，在麻糖厂打工搞过电，如果安排我去配电房，我跟师傅学，保证不误生产。"

"那就等通知吧！"方厂长无可奈何地笑了笑。

不几天，听说吴和平当上电工，旭峰妈妈才开心起来。不过妈妈越是开心，旭峰越是担心妈妈又出难题。

果然两个星期后，妈妈到女儿的卫生所拿药，借故到吴和平家瞅了一眼，回家后脸色就变了，再次把吴和平喊到家里说："你那个破老屋，如果你和旭峰结婚了怎么住？怎么生活？"

“我爸说了，准备把阁楼拆掉，在屋后面做个小厢房，正屋让给我们。”吴和平努力应付着说。

“黑咕隆咚的，梁柱子都碎了，粉末直往下掉，瓦片露着光，一副要倒塌的样子，哪辈子的老房子呀，破成这个样子怎么结婚，要重新弄。”

“妈，这不是要人家的命吗？他家哪有能力重新盖房？你这个难题实在太让他为难。”吴和平离开后，王旭峰万分着急地对妈妈说。

“怎么叫难题？社会太复杂，需要活动能力，尤其需要应酬表达能力。妈妈知道难，正因为难，正好是检验他的机会，也是一个让他学着想办法的机会。忠厚老实人尤其需要这样的机会。我知道他家没有能力做新房，但他应该知道，住的是危房，至少要加固要装修。”

“妈妈，难怪爸爸全听你的。”旭峰惊叹说。

“一个家庭，如果夫妇都是糯米坨子，树叶落下来怕打破头，这个家就很难有希望了，什么都搞不赢别人。”魏幼芳进一步传经送宝，“你看周围，哪家不是这样。如果夫妇脾气都暴，都争强好胜，那也不行。俗话说，家无二主，国无二王，一个家两个都强势，夫妇准会天天打闹，无安稳之日。所以要阴阳搭配，主次合理，夫妇中有一个明白人，一个装糊涂的人。”

“那我与吴和平成家后，谁该是明白人？”

“看上去你该是掌舵人。既要爱他又要掌控他，还要调动他。要知道，有的男人看上去憨厚，动作比常人慢半拍，他的内心却很强大，心里很明白，遇事从不糊涂。聪明的女人对丈夫有时要像对将军，尊重他；有时要像对孩子，哄着他；把丈夫盘得围着自己转，挖掘他的潜能，实现自己的规划，才是成功的妻子。”

“妈妈你老这样煽，将来我要是学你，在家里称霸怎么办？”

“不是学我，人的性格是天生的。你选择了吴和平就选择了担当和责任，没有多少依赖，必须担当，到时你想卸也卸不掉了。这就是你的命。”

也许是受了妈妈的影响，吴和平刚当电工那些日子，旭峰对他特别担心，怕他出事，每天如果不看着他下班回家，她就不关门下班。有一天夜里，妈妈看女儿迟迟不回家，到卫生所接女儿。随后她们母女深一脚浅一脚去了卫生纸厂，从窗口看到吴和平把一台电动机全部拆了，零件摆了一地，全身油乎乎的。吴和平并不知道旭峰妈妈也在窗外，笑着对旭峰说：“昨天拆了一台还原了，今天又拆了一台正还原。你回家休息吧，今晚得搞一夜，明晚再亲你。”

妈妈悄悄在旭峰的耳边说，这小子看来不苕，当电工不几天，就能把一台电机拆来拆去，你比他大一岁多，感情熟了就结吧。

王旭峰高兴地搂着妈妈的脖子，她这才感觉到妈妈真同意了！

4　新娘出面救场

吴和平和王旭峰的婚事，没经过真正意义上议亲、定亲、求亲等程序，经过“文革”“破四旧立四新”的洗礼，到了 1979 年 11 月 18 日他们的大婚之日，那些步骤全都简化了，只有娶亲的礼仪保留着一些老的套路。

孝感是楚文化重要发源地，自然包括婚俗文化。

孝感老式婚礼非常注重程序。女方有哭嫁、送嫁妆、吵嫁妆、盘女婿等。比如吵嫁妆，姑娘向父母要嫁妆，是十要：

一要象牙床锦细罗帐，
二要双环境外靠梳妆；
三要鸳鸯枕两头放上，
四要绫罗缎扯过十丈；
五要银水盆漂洗衣裳，
……

79 年结婚，正是改革开放第二年，城乡普遍贫穷，农村姑娘出嫁，娘家陪嫁一房家具，几铺几盖就不错了。城里条件好点家庭，主要追求三大件：自行车、缝纫机、手表。王旭峰的家庭条件偏好，又是唯一的女儿，没等她开口，爸妈就给她备好了三大件。

孝感流行哭嫁歌，哭母女难舍之情。母女都哭，至今仍在流行。

母亲哭：我的乖乖也，你走了我么样过，毛干鸽子飞哟，树大丫子散哟，乖乖也，你到人家去听话啰……

女儿哭有讲究：难为我的爹，难为我的娘，把我拉扯十八年，如今白拉我一场；难为我的哥，难为我的嫂，帮助爹娘把心操，如今也是白操劳；叫声我的弟，叫声我的妹，莫看雀大各自飞，我离家门还要回……

王旭峰与吴和平属于自由恋爱，经反复考验，王家老少满意，吴家皆大欢喜，且男女双方都满了二十六，情投意合，你情我愿，相距不远，看得见又摸得着，总之，旭峰的妈妈高兴得合不拢嘴，她们母女都忘了“哭”这码子事。

重头戏在男方，要行告祖礼、加冠礼、回鸾礼、花烛礼。

回鸾礼，孝感称拦车马。孝感与别地的嫁女风俗不同，流行夜晚嫁女。出嫁时间一般选择在三更天。由新郎、媒人以及抬嫁妆的人打着灯笼去新娘家娶亲。据说夜间行人稀少，可以避免闲人窥轿，保持新娘圣洁。

1979 年那时孝感已废除了花轿抬新媳妇，开始“新事新办”，娶亲路程远的，用自行车接，近的步行。吴和平与王旭峰家相隔只有几百米，自然是步行。娶亲队伍出发之前，吴和平的三位姑妈、姐姐，街坊的爷爷奶奶做了详细交代，对新娘家“盘女婿”的路数做了预测：进门有设障、有难题，比如泼水、挨红枣，吃饭时饭里藏辣椒，肉穿线，缠筷子等；还可能有考验新郎才智的四言八句。总之新婚三天无大小，多带烟酒糖和封子（红纸包钱），万一挺不过，烟和封子可以开路、解难。

虽说有准备、有预案，可在娶亲这个重要环节上，还是漏洞百出，洋相连连。

王旭峰回忆说：“吴和平之前跟我说，准备了 16 瓶散装吊酒，装在黄鹤楼标记的酒瓶里，同时买了 6 条游泳牌烟，5 斤水果糖，包了 20 个五角至一块的封子。我想，我们王家的老表们闹一闹，过‘闹女婿’这一关吴和平应该没问题。

妈妈还特别嘱咐说，吴家困难，意思到就行了，暗示亲朋们不要出更多难题。可我没想到，吴家娶亲的烟酒糖，在需要的关键时刻，全不见了，怎么也找不着。吴家娶亲队伍急得团团转，不知哪个环节出了岔子。

“我家亲戚可不管那些，几位亲朋当场就变了脸，说吴家不讲理，不把王家当人。我父亲从不发火，经亲朋们这么一激，顿时大发雷霆，堵在门口，质问吴家娶亲队伍：你们吴家有没有明理人？王家养的姑娘你们就这样来娶？你们是不是孝感人？懂不懂孝感规矩？这不是明摆着欺负人吗？

“吴家娶亲队伍个个傻眼了，面面相觑，场面尴尬，吴和平更是傻了，根本不知道怎么办。听到父亲发火，我最担心发展下去失控，如果是那样，还能叫办喜事吗？此前，家里大小事都是妈妈说了算，父亲很少操心，就是妈妈做错了，父亲也从不怪她。妈妈办事从来周到细致，滴水不漏。父亲这时发脾气实际是在给妈妈解围，因为问题已经暴露，躲不过了，父亲伸着脑壳接石头，一方面避免了亲朋说我家糊涂，同时给妈妈腾出救火的时间。这一点也只有我们做儿女的能感觉出来。

“这个时候，妈妈临危不惧，随机应变，很自然地对客人们说，吴家带来的烟酒糖在后面一批人那里，天黑，在修路，会很快到的。

“妈妈几句话顿时稳住了一屋人的情绪，随后妈妈示意二弟到我的房间，妈妈对二弟说：吴和平再也拿不出钱来买烟酒糖了，不能叫王家跟着他们出洋相。现在是凌晨两点，商店不可能开门，百货公司的赵经理正好在我家做客，我跟他说了，你现在跟着他去，钱我们先垫上，中档烟酒，越快越好。二弟不愧是和平的好朋友，二话不说转身就走，刚在跨出门又折回来说，烟酒糖拿到了，怎么跟吴家联系呢？妈妈望着我，意思是要我想办法。

“我急忙对二弟说，为照料吴家的面子，绝不能把烟酒糖送到他家。你就送到离他家百米的周篾匠家门口。从我家挑水街南 57 号，到新华街 102 号吴和平的家，大约有 600 米，时间来得及，我想法通知吴和平与你接头。

“二弟离开后，我悄悄把傻弟拉到我跟前说，姐姐有点难事，你现在给和平哥哥送封信好不好。傻弟听了三遍才明白，他揉着眼睛说，帮姐姐送信可以，但上回在窗口给你们帮助，二哥答应说给我一坨打巴糖，结果他骗人，什么都没给。我连忙给了他一封子，承诺说，只要把信送到，和平哥哥还给你一个大封子。傻弟拆开看到崭新的一元钱的票子，望着我笑了笑，转身去了和平家。

“婚后很长一段时间，我对吴和平娶我时丢了烟酒糖都不理解，都是亲朋好友，能丢到哪里？渐渐想起来了一点头绪，吴和平那天来的客人中，一部分是街头巷尾的人情客，成分复杂，有的甚至不认识。来的都是客，谁想到提防；加上吴和平的几个老表和共脑壳的同学，这个时候忙东忙西顾不过来，混乱时出错在所难免。”

那晚的乱，吴和平的同学涂明普记忆犹新。他回忆说，第一次去王家的娶亲队伍，高兴而去，空手而归，大家不知所措，指责埋怨，吴和平一副哭相，没有办法。因时间紧迫，按规矩必须在四更前把新娘娶回家，否则不好收场。吴和平的三位姑妈和姐姐知道后果的严重，不能眼看着出洋相，她们提议重新准备烟酒糖，话音一落，大家就开始凑钱，钱很快凑齐了，可是新问题又出现了，凌晨时分，所有商店关着门，到哪里去买呢？吴和平父亲怄得老泪纵横，连连说：“他妈在就好了，他妈在就好了！”

就在这时，王旭峰的傻弟气喘吁吁地给吴和平送来一封信。一看秀气的字体，吴和平就知道是王旭峰写的，是一封救火信。

> 和平：速派人在周篾匠家门处取烟酒糖，原班人马立即返回，重复原来的程序。不要说你们回到了新华街，就说一直在我家门外等待。

看完信，吴和平的泪水哗地涌了出来。

人间夫妇情，多是靠情感和恩情维系，假如没有爱情，有恩情也能相敬如宾白头到头。王旭峰和吴和平既有爱情也有恩情。

当天凌晨四时，新娘王旭峰终于被吴家娶亲队伍热热闹闹接到了吴家。

按说，接下来的事情应该很顺利了，然而，当进入闹洞房程序时又出现新的问题了。按孝感的风俗，闹洞房前，要打开娘家陪嫁的箱子，从里面拿出铺盖，在新床上展开新被子、新床单，新枕头……可这些全锁在箱子里，不知道钥匙在哪里？谁拿走了还是丢失了？

吴和平又是一副哭相。涂明普说，但这回，有他心爱的女人在身边，他感觉有靠山了，没有丢烟酒糖时那样慌乱。

新娘王旭峰稍加琢磨，判断钥匙很可能被傻弟藏起来了，嗔怪和平道：“你个苕，人家一次次给你帮忙，半夜给你送信，你就没有想到给人家一个封子。”

吴和平“哦”了一声，把自己的额头敲得脆响，立即包一个封子，安排人去王家哄傻弟。

此后三十多年，吴和平像对亲兄弟一样疼爱关怀傻弟，直到他迷昏的那一天。

第三章

灾难接踵，几多情爱磨不碎

昏迷第466天。武汉红桥脑科医院4楼2病房。

炎热夏季，室外温度40度，坚守病房的王旭峰更苦，怕吴和平感冒不敢长开空调；看他出汗，忙用毛巾擦、扇子扇；怕他被蚊子叮咬，昼夜在他的四周拂打。夏季更容易长褥疮，翻身次数更多；为防止肌肉进一步萎缩，每天要对他的四肢进行搓揉，天天给他洗脸、刮胡子，隔几天给他理发。冷怕冷着，热怕热着，饿怕饿着。可她再努力，也无法抗拒吴和平的肌肉进一步萎缩，异常艰难的是，萎缩让吴和平无法大便，王旭峰只好自己用手帮忙抠……日子如冰山似火海，而且看不到尽头。

同科室的一名河南籍脑溢血患者，昏迷到第68天就被家人放弃了。放弃的“方法”很简单，不坚持给病人擦洗，病人身上长褥疮感染，几天不喂水或马马虎虎应付一点流食，各种生理指标急转直下，很快人就不行了，不得不办出院手续，找车拖回去。鄂西一位脑溢血病人，做了开颅血肿清除术，他的妻子开始信心百倍，情意绵绵，可现实渐渐把她的意志磨没了，丈夫昏迷到95天就决定拖走，临走时，这位妻子跟王旭峰打招呼道别，王旭峰心碎地说：“你男人大前天能自己嚼食，今天就不治了，怎么这么狠心啊？”这个妻子流着泪说："医生说，我男人就是醒过来智商也不如三岁孩子，我想了想，真是三岁的孩子倒可爱，会自己吃喝、穿衣、解手，而且会一天天长大，不需要大人操多大的心，而他像一堆死肉，老停留在三岁，比养一群三岁的孩子都难。目前，我感觉看不到尽头，体力和费用都受不了，家里欠下一堆账，两个孩子要读书上学，日子还要过，我在他床头几十个通宵没眨眼，恩也好，情也好，都尽到了，再熬下去我也快要死了。"王旭峰虽然理解她的难处，仍然愤怒地说："你走吧，我守到底。"

恰在这天下午，孝感卫生纸厂原党委书记林晓芳、老工友童昌耀等再次到病房看望。

生死要证明、发誓不放弃的王旭峰，本想又一次向老朋友们介绍"吴和平的眼睛还能眨，心脏、脉搏、血压正常，能吃我喂的流食，他不是植物人，是正常人，一定会醒来的"那些老话，可是她心脏做完手术后，那个"血管有点问题"的地方发作了，脸色苍白，直喘气，难受得只能用很微弱的声音说话。

即便如此，老工友们仍然感觉到头发灰白的王旭峰吐词有些不清，说话都不关风，询问才知道，她的牙齿掉了两颗，而且连门牙都松动了。一片心酸，工友们依次去喊吴和平，结果和前几次一样毫无反应。

他们心疼吴和平，也心疼王旭峰，可是又不知道拿什么话劝王旭峰，只能说吴和平在卫生纸厂工作时的那些事……

1 身体虚弱心里喊

……和平！卫生纸厂的老书记、老厂长和老师傅们又到病房看望你。你在纸厂的朋友多，他们都说你那时像磨子一样做事，讲了你的许多故事，你没有答一句话，我却感觉你听到了，你的眼角有泪水。

和平，卫生纸厂早改制了，跟你一起工作多年的工友都惦记你，不想你老这样躺着。你昏迷超过一年了，病友换了好多茬，他们有的已经走了，旭峰含泪看着他们走的。旭峰不走，旭峰要证明，要推翻那个专业的话，要守着你，天塌地陷也要守着你。

和平，你知道旭峰这一年多是怎么过来的？头发全白了，我不在乎；牙齿掉了、我无所谓；最难的是我的心脏病发了、去亚心医院做搭桥手术那几天，我担心你不听姐姐的话，担心女儿管不住你。术后第九天我就回到你的床头，现在刚出院，头昏，坐不稳，出虚汗，这些日子没力气喊，只能心里跟你说话。

我的心声你能听到。我的心早在卫生所瞅着你看《青春之歌》时就给你了，那是缘分是天意；人说，百年修得同船渡，千年修得共枕眠，上苍安排我到新华街做护士，实际是安排让我认识你。我妈妈看我们共着一颗心无法分开了，就同意让我们结婚。可只有我知道，妈妈她的内心还是有点不愿，总觉得她的宝贝女儿受了委屈，她的女儿应该有一个荣耀富贵的世界。爱情是什么？是一次充满激情却无法辨别航向的远行，是一次不晓得前面是坦途还是悬崖，是通路还是沼泽，是明媚还是浓雾的旅游；我们糊里糊涂，一切都不知道，只晓得后来——我们的爱情经过了一个个火山口，现实的难从结婚的第二天就开始了。

我面临的是一个什么样的家啊？为了娶我拿报纸“装修”的老墙，手一摸，纸破了，露出的木渣纷纷下落，屋里脏得不成样子，所有物件上都有一层厚厚的油渍，擦不掉洗不净，只能用刀刮。你爸的旧衣服、老蚊帐、破被子，一搓都变成了泥浆，展开后千孔百窗，根本无法晾晒，只好交给收破烂的，重新给爸买新的。连白毛猫咪四个脚趾，都洗出了一盆黑水，这是个什么家啊？可我还是感觉很幸福，一个接一个地做着我自己规划的美梦。

转眼我怀孕到第六个月了。

风和日丽的周末，我坐在你推的自行车上，到荷花飘香的澴河边，在垂柳下看你和少华钓鱼，看荷花吐翠伸展，看鸭群欢呼戏水，看蜻蜓悠闲追逐。

也就是那几天吧，你爸把家里老账本交给我说：旭峰，你是我的儿媳，也是我的女儿，这个家以后就交给你来管。那天，爸跟我聊了很多，把什么都告诉了我。他说，他一直在梦中跟他的母亲见面，每次见面她们母子都抱头痛哭，直到把他从梦里哭醒；爸说，抚养他的那些干妈都走了，家里外债已经还清了，从此我们就可以过无忧无虑的安稳日子；爸还说，他之所以把云梦沙河当祖籍，是因为他的第一声哭啼从那儿开始，养父后来又把我们的三位姑妈、一位姐姐嫁到了沙河，沙河是爸梦中的家……

和平，你知道我当时是怎么想的？我想啊，我们三个大人拿工资，轻轻松松养好一个孩子，要不了几年，我们就把老房子推了重建，将家里电器全换新的。让我们的孩子在幸福中快乐成长；让你安心工作事业有成，好好证明给我妈妈看。

可是，命运之神总跟我们过不去啊！

1980年10月，我被搀进了产房，生孩子对女人来说是再正常不过的事，可我无法顺产，最后只好选择剖腹产。孩子拿出来后，我迷迷糊糊睡了三天，醒来无法直腰，侧身看了一眼我们的女儿。我被亲朋的祝福和喜悦包围了，你也疼爱得不得了。

可是，当亲朋离开后，你却抱着女儿在她脸上瞅来瞅去，一会用小指头比，一会用大拇指比，我看到你露出不安的神色，心里咯噔一下，难道我们的女儿哪儿不完美？我撑起身子看孩子，好脚好手，五官端正，一切很完美呀，可是仔细一看，女儿鼻梁右侧有个硬币大小的胎记。怎么会长胎记？怎么会长在孩子的脸上？我的心里也是隐隐发愁。我的母亲怕我们不舒服，很平静地拿来尿布和营养品，抱着女儿连连说：小天使，多可爱，你叫什么名字哩？你妈妈、你舅舅的名字都是外婆取的，你的名啊，外公给你取好吗。外公说，你是吴家第一个孩子，爱长长、情久久，选一个恒字；外公又说，《论语》云，君子讷于言而敏于行，选其中一个敏了，两个字接合，就叫吴恒敏吧！一家人都叫好。我的外孙女，你看你，生得这么好看，就多了一点点胎记，不要紧的哈，等你满周岁后，你爸妈带你去看医生，什么事都没有，依然好看呀！

我知道，妈妈是在安慰我们，也在安排我们。

从产房回到新华街已是夜晚，家里只剩下我们一家三口。和平，你仍然很高兴，乖乖前乖乖后地逗恒敏，可是我一觉醒来你还没睡，还瞅着女儿，瞅了三天三夜，一会儿喃喃自语，一会儿又用指头比。

女儿是父亲的脸面，你多么希望她洁白无瑕。

你爸抱着恒敏亲了又亲，又有些不解，一声声长叹着说：论遗传，王家三四代人没这个毛病，难道是我们吴家？可是“我们吴家”找不到根祖，来龙去脉说不清啊！这么好看的孙儿，为什么偏偏有个胎记。之后他提醒我们说，越早治越好，满月后你们就带孩子去看医生。

孩子快满月，时光进入冬季，纸厂为解决三条生产线用水不足的问题，决定利用枯水期“围河打井”。方梅昆亲自挂帅，从全厂500多名员工中，挑选出刘伍清、张二、李雨成、孙召明、董和平、许长江、卢永华、严启明、廖建三、夏小明、杨长清、鲁得清、鲁继芳、熊小清、李润成等26名突击队员，执行打井任务。你是民兵排长，自然要带好头，不要在这个时候开口请假。

那些日子，你每天一身泥，打井再劳累，回家时总是快乐地逗女儿说，敏敏，爸爸是电工，先安装好电机才能打井，爸必须先下河，淤泥很深，得从岸边清出一条路，天冷，泥水满入深口鞋，爸就和叔叔们将淤泥一盆盆移走，垫上干硬土石，一点点将电机设备移到河心，安装到搭台上。敏敏，爸爸打听好了，随州有位赵氏神医，井打好了，爸妈就带你去治，让你洁白无瑕，美如天仙。

大约40天后水井打成，我们带着女儿顶着寒风去了随州。从此开始了与苦难命运的顽强抗争。你怕女儿冻着，用大衣裹着孩子，敏敏似乎很懂事，一路不哭不闹，一对漂亮的眼睛忽闪忽闪，你心疼得只要多看一会，眼睛就湿润。

我们一路打听到随州三皇湾，找到满屋挂着“医德高尚”“妙手回春”的赵老医生家，赵医生和蔼可亲，看了孩子的胎记，满脸难色地说：“胎记在医学界至今是难题，非常固执，孩子长它也长，很麻烦的，没有很有效的办法，目前一般采取皮肤再生法——在胎记处涂贴刺激性药物，更改皮肤组织，让以前的坏死，使其长出新的皮肤。这种药物的毒性和刺激性很大，孩子要承受痛苦，但无论如何要早治。”

你连忙问：“毒性大到什么程度？”

赵医生说：“用过后的药膏必须深埋，否则，鸡鸭误吃必死。”

你非常不安，非常吃惊地看着医生，担心毒性给我们孩子带来更大伤害。赵医生从你的眼神中看出你的担忧，连忙说，“考虑到孩子太小，即使用最低的剂量配方，因离眼、离口腔近，为确保不出闪失，做父母的恐怕要日夜不能睡，捉着孩子的双手，或者用橡皮筋控制双手，不能绊动伤处，更不能误入眼里嘴里。”

你仍然万分担心地对医生说：“女儿太小，有没有别的办法让她少受点苦？”

赵医生说：“唯一的是进一步稀释，用最少最少的剂量。但这要花更长的时间，不间断治疗。”

和平，你这时问赵医生需要多长时间，医生的话把我们似乎吓昏了。医生说，每个月要去两趟，根据胎记变化现场配药，整个治疗过程，短则十年八年，长则一二十年。这是一条看不到尽头的苦路啊！

现实把我们推到了无底的深渊，我们从此时常感觉被痛苦、甚至是绝望笼罩着。这么长时间，需要付出多大的财力和精力？孩子要承受多么大的痛苦？我们立即明白，此前我们所有的希望和梦想，已经摇摇欲坠，根本无法实现了。

怎么办？能怎么办？命运之神既然这么安排，我们没有别的选择，遭再大的难也要面对。可是，我们能面对，却苦了我们的孩子啊，她从零岁起，就要承受这样的痛苦，就要感受人世间的煎熬。一想到我们幼小的女儿，我们的心里就像刀绞，总想着盼着，天底下有没有什么办法，让我们去替代女儿的痛苦。襁褓中的女儿，你的命怎么这样苦啊！

当药膏贴到她胎记上时，我们感觉就像通红的烙铁，伸向了女儿细嫩的皮肤，孩子痛得发出扎心的惨叫，像中箭的鸟儿那样绝望和无助。

你的心被女儿的惨叫撕裂了，女儿在挣扎，你的心也在挣扎。女儿渐渐哭累了，连挣扎的劲儿都没有了，在你的怀里一抽一抽地睡着了，你这时才把头扭到一边，泪水像开了闸门一样往下淌，我们抱着一起哭……

从那后，你就没睡过一夜安稳觉。孩子每换一次药管五六天，之后你就抱着孩子又去随州重复痛苦。换药膏的前两天两夜，孩子最难受，整夜不安宁。孩子不睡着，你连盹都不敢打。你说，用橡皮筋控制孩子的双手，像捆着小犯人，你不忍心！

你白天坚持上班，整夜盯着或捉着孩子的手。你说，父女手拉着手，多少可以帮女儿分担点痛苦。

那些日子，爸常抱着他的孙女老泪纵横，望着街头来来往往的人群发呆。他想找到他的根，他的根上是不是有这种病，是不是有治这种病的良方，他不想让心爱的孙女受这份苦难，可他自己有时却难受得像狼一样哭号。然而这一切都是徒劳的，他找回的是更大的悲凉和空虚。

女儿三岁那年秋天，又开始了周而复始的治疗。可是在随州治了两年多，女儿受了很大的苦，我们每月的工资丢进去了，效果并不明显。之后，听说京山有一位老先生有办法，我们就带着女儿去了，结果发现他用的药与随州大同小异，同样让孩子痛苦，我们就放弃了京山，选择了襄樊的一家医院。

去襄樊郊县的路上遇到山洪，路不通，我们一家在路边旅馆住了两天，不敢动买药的钱，一天只吃两顿面条。那两天我突然咳嗽、胸痛、呼吸困难，回孝感一检查，确诊患上了内分泌性心脏病。

我哭得昏天黑地，拉着你的手说，和平，女儿没治好，我又得了这种病，苦日子没尽头，我不想活了。

你绷着脸骂我说：你个傻婆娘想躲，想丢下我和女儿，没门！不准你这样想。随着医学发展，女儿的胎记是有希望治好的，心脏病不是绝症，只要注意就行。再说了，还有我，我能背能扛，壮得像山一样，没什么能压垮的。你还说，以后带女儿出门看病，你一个人就行了，不要我再跟着受累……

在灾难连连的日子里，我不得不面对家庭贫困的现实，处处精打细算，维持日子运转。

看着我们承受苦难，你爸努力做着两件事：一是帮你分担工作，凡街头巷尾有人找你做事，他就替你顶；二是在他房里摆上观音菩萨像，燃香点蜡，朝九晚五，顶礼膜拜，祈求菩萨保护我们一家人平安！

担忧和操劳，终于老人的身体扛不住了。

2 老篾匠含泪立遗嘱

1982年5月24日，59岁的吴文俊患急病，在医院住了12天，病情恶化，拖回家的当晚虽脑子清晰，人却渐渐不行了。

吴静珍回忆说，从医院盘回家那晚，她们姐弟守在父亲身边，半夜时分感觉父亲的手变凉，连忙喊来旭峰。这时父亲呼吸已经很困难，他断断续续对和平弟说："这间老瓦屋，是吴家祖上留下的，我这一生没给你添一砖一瓦，却给你留下了一堆感情账。"

想到很快要走向另一个世界，老篾匠含着泪水突然问儿子："还记得善良的解释吗？"

吴和平连忙说："太阳施恩于大地，却不获取任何回报；上善若水，水善利人间万物而从不争功。"老篾匠点了一下头，随后抚摸着熟睡中孙女的小手儿，眼泪滚落下来，用生命最后的力气，一字一句嘱咐说："孩子脸上的胎记，就像长在我心里的一根棘，这两年食不甘味寝不安席；你们为聚钱给女儿看病，出不敢奢，路不敢侈。可是以后再难，也要把我孙女的胎记治好，要让她读书，要让她将来过上幸福日子……墙边有玻璃片，小心别扎着她，屋里电线老化，小心她触摸……我死后把我的骨灰埋在沙河吴家祖坟边，我活着是吴家人，死后……"说完，老篾匠吴俊文把人生所有的酸甜苦辣变成最后一丝憨笑，留给了他的亲人们。

无论亲人怎么呼喊，他已走入了另一个世界，在天堂寻找他的根脉。

三位姑妈赶到了新华街。她们虽与吴文俊没有血缘关系，而且父母为养育吴文俊这个天下掉下来的“小弟”，三姐妹没少受气，大姐二姐放弃学业，刚柜台高就帮父母卖篾货、守柜台、出货进货，只有三妹陪“小弟”读了几年私塾。然而，人生只是一个短暂的过程，那些曲曲折折都成了她们后来美好的回忆。更何况，“小弟”进门时刚睁眼，后来喊三个姐姐，把她们的心都喊化了。三位姐妹渐渐地把“小弟”当亲弟弟，谦让、关怀、付出，直到下一代——吴和平成家立业，她们与吴文俊仍像亲兄妹一样，保持亲密来往。

王旭峰坐月子时，嫁到云梦沙河的大姑妈，带着鸡蛋来到新华街一步不离地照料一个多月。二姑妈后来也嫁云梦沙河，吴文俊第一任妻子病故时，他们的女儿吴静珍只有3岁。考虑到吴文俊再婚时的难处，养父吴得志做主将孙女吴静珍——吴和平同父异母的姐姐，送给了一辈子没有生育的二姑妈。二姑妈不仅把吴静珍当成亲女儿，还供她读到高中毕业，盖新房，招女婿，帮吴静珍组成了一个幸福的家。二姑妈家有“两代姑妈”，真可谓亲上加亲。

三姑妈是三个老姐妹中最有文化的一个，曾在云梦银行工作。因与“小弟”吴文俊同岁，读私塾共一个先生，与“小弟”的共同语言自然更多些。吴文俊死的前一周，她还领着老姐妹到医院看望过“小弟”。

“小弟”好好的，怎么说走就走了哩！三位老姑妈哭成一团。

最伤心的自然是吴静珍，小时从新华街被送走时，她抓着木门不走，哭喊着要妈妈，可妈妈在她三岁时就没了；再喊爸爸，爸爸蹲在地上抓头发。牵着二姑妈手的吴静珍，边走边扭头哭，哭妈妈走得早，哭爸爸没有用，哭自己的命苦，她知道自己不会再回新华街这个家了，走到街的尽头，挣脱二姑妈的手，自己往沙河走。好在二姑妈爱她疼她，和亲妈妈一样，吴静珍渐渐忘了新华街。上初三后她才明白，不是爸爸不近人情，她家的复杂和苦难，是那个社会造成的，是没有办法的事情。她一点也不恨爸爸，不恨爸爸重新组建的那个家。一直把唯一的弟弟吴和平当成最亲的人。吴和平也感受到姐姐的爱，每年的寒暑假，都到姐姐家去住些日子，与村里小伙伴都混熟了，一起打球、游泳，玩够了，姐姐就骑车送他回新华街，顺便把菜园里种的菜带进城，把父亲住的屋里屋外清扫一遍。

余小翠病故后，吴静珍到新华街照料父亲和弟弟的日子更多更勤了，她与娘家、与新华街丝毫没有“异”的隔阂，几天不回新华街，街坊们就念她。父亲病重，她日夜守在床边，原以为，不满花甲的父亲能挺过这一关的，没想到说走就走了，她越想越难过，跪在灵堂前边哭边数：

苦命的父亲哟……你出生落地被抛弃……险些冻死牛圈里……不见爹娘恨命短……人间苦难断肝肠……多亏养父和养母………多亏三位好姑妈……多亏遍地好心肠。

苦命的父亲哟……女儿三岁死了娘……日子孤苦又

漫长……爹想祖母我想娘……再组家庭又不幸……顾着弟弟顾病床……水煮盐拌混时光……父子共件破衣裳。

苦命的父亲哟……为人忠厚太老实……树叶落下怕头伤……与人结交总弯腰……言和行善待街坊……家长里短让三分……谦逊低调淡名利……孝敬满街干爹娘。

苦命的父亲哟……衣食住行历来简……出门进屋不张扬……柴米油盐皆细算……量入为出费思量……生来人间六十载……不曾为己着过想……从没安享好时光。

…………

吴静珍把父亲的人生经历泡到了泪水里，又和着泪诉了出来。

然而，有些事她却无法诉，只能在心里说。妈妈死后第三年，她刚有记忆就离开了新华街，这让她从小对“身世”两字特别敏感，敏感又让她变得有些固执。上小学起，她就悄悄在沙河一带打听，当年“被抛弃小男孩”的来龙去脉。最早她听到：是路过吴家坳的流浪女人所生。吴静珍不信，即使是流浪女所生，一个孕妇不可能专门跑到吴家坳来，把生下的孩子扔到人家的牛栏里，显然，这个生孩子的女人身边一定有陪同的人；其二，当年的吴老汉拾到“小男孩”时，包裹放着银钱和留言，说明不是流浪女；三则，吴家坳旁有条北通襄樊、南达汉口的百年公路，是昔日连接鄂西北的官道。因此吴静珍首先推翻路过流浪女所生的传说。

那么，被“抛弃的小男孩”到底隐藏着什么秘密？吴静珍边读书边继续打听，直到 1966 年“文革”开始，17 岁的吴静珍因“身世不明”被拒绝参加红卫兵，她愤然展开进一步调查，至少有三位目击者说，吴老汉拾到那个“小男孩”那天，远处公路上停着一辆豪华马车，一个红头巾女子在悲怆哭叫……至此，吴静珍不再调查了，担心继续调查下去别说参加不了红卫兵，连她的团籍也可能保不住了。

此后很多年，吴静珍总在暗暗琢磨，那个红头巾女子，也许是父亲的亲妈妈，自己的亲奶奶。后来，她又在新华街听说，有人亲眼看到过一位穿着高雅的贵妇，曾到街头询问吴文俊，甚至去了吴得志的门店前，不过，她不是戴着红头巾，而是戴着一副老花眼镜，很高贵的样子……

是奶奶么？如果是，奶奶，外孙女告诉你，那个被你抛弃的小男孩——我亲爱的父亲吴文俊，一辈子多灾多难的父亲，活了六十个年头，已经走了。

奶奶，吴文俊是吴得志夫妇养长的。他的两任妻子因劳累因饥寒均过早病故，留下了我和弟弟吴和平。

亲爱的奶奶，你的亲生儿子吴文俊走了，如果你还活着，就来看一眼；如果你已不在人世，就请打开天堂之门，收下你的骨肉！

亲爱的奶奶，我们的父亲走的时候，我要替父亲说句话，不管你多难、生活多煎熬，你应该返回来看父亲一眼，让父亲、也让我们知道，我们的姓氏、我们的祖籍以及我们生命的根源。奶奶，你可以生下不养，也可抛弃骨肉，这点要求不过分啊！

……

听到姐姐的哭数，王旭峰也哭成了泪人。将公公送到火葬场那天，阴雨绵绵，雾霭四合。方梅昆厂长主持了追悼会。

吴和平含着泪在悼词里说：

爸爸，您走了！在您驾鹤西去、与神仙相伴的时候，方厂长带200多位工友给您送行。儿子向冒雨前来为您送行的爷爷奶奶、叔叔阿姨和我的同辈们，三鞠躬！

爸爸，您1923年冬天出生，三位姑妈也说不准您出生的准确日子，只能猜个大概。但所有人都知道，您是爷爷奶奶的好儿子，三位姑妈的好弟弟，新华街的好后生，我和姐姐的好父亲。

爸爸，您善良豁达、肯牺牲、不计较，安平乐简，朴素无私，您继承了爷爷善良正直、忠厚淳朴的品质，继承了吴家先祖精湛的篾匠手艺。您在浓厚的孝环境中长大，一辈子感恩回报，回报曾养育过您的爷爷奶奶和整个新华街的前辈。

爸爸，您一生踏踏实实，尊老爱幼，与人为善。您和善的性格和甘当傻子、乐于奉献的人生态度，得到了众人的尊重。

爸爸，您的孙女刚会喊您爷爷，您就匆忙地走了。您为什么不多病一些日子，磨一下您的儿子和儿媳，您为什么不让我们给您劳累的身体按摩几回，您为什么不装一回病让儿子扶您去街头晒晒太阳。儿子还没来得及报答您，没来得及让您享一点福，您就走了。和平来生还做您的儿子，再伺候您！

爸爸您走了，谁来回答您孙女叫爷爷的呼唤？您走了，谁来给孙女讲周秦汉唐和篾货街当年的故事？您走了，谁来提醒我们天气变化增减衣服，大雨天拿东西接漏？您走了，谁来给我讲儒家的宽容大度、谦和待人、忠厚为本？

爸爸，您一生勤劳，边供我读书，边给长年生病的妈妈治病，您是铁是钢，经历了无数苦难。可是无论多难，您总是先想着别人，从不失去做人的本分。

爸爸，多少回，您瞅着街头提着竹篮，衣衫破旧、身材瘦小的奶奶走过，您总是走上去跟与她说话；多少次，看到富贵的老太太从车里出来，您就远远地看她的打扮，看她的神态……几十年了，您一直在寻找你梦中的妈妈，可是她们都不是您的妈妈，不是我们的奶奶。

爸爸，您这一辈子最大的缺憾，是从没有见过您的妈妈、我和姐姐的奶奶。您常常难过得悄悄流泪，总是说：天底下没有哪个母亲不爱自己亲骨肉的，可您的妈妈却不爱您，你一出世就抛弃了您！爸爸，您一直在等待、在寻找，您是想给我和姐姐，寻找生命之源和爱的归宿。

爸爸，不用再找了，您找到了，我和姐姐已找到了，我们的根就在孝感新华街，就在这个具有五千年的历史文化名城，是她万般慈悲地养育了我们，孝感的父老乡亲，就是我们的最亲的人！

爸爸，您带着对生命的眷恋，对亲人的不舍，永远离我们而去。您像一团青云飘入云梦吴氏家族的祖坟，您的形象在儿子眼前永远是那样鲜活。以后每年清明节，我会带一家人去给您扫墓，我们会记着您的遗训，继承您的善良正直，忠厚淳朴，勤劳俭朴的本色，把吴氏家族的精神代代相传，发扬光大。

亲爱的爸爸，一路走好！

3 “硬扛”的日子

父亲走后，过了好些日子，吴和平的神依然留在父亲那里，只要看到父亲卧室里的物件，就不由自主想摸摸，泪水忍不住掉下来。

随后，又开始边上班，边攒钱给女儿看病。现在有所不同的是，因为妻子查出有心脏病，完全由他带女儿出门，一次次跑随州、襄樊，后又去武汉、长沙，然而所期待的结果并没有出现。可这件事感动了襄樊的一位老中医，他直言不讳地对吴和平说：

“跑了这么多年，花了不少钱，大人孩子受了很多苦，可是因为病根没有找到，效果不明显，这说明医学暂时没有这个能力。我的判断是，你女儿的胎记可能是毛细血管瘤斑，是血管瘤的一种，可能是由于胚胎时期血管发育障碍，毛细血管内皮细胞不断增殖、毛细血管扩张增生形成的。一般认为与父母的遗传、孕妇内分泌失常、高血压等疾病和怀孕期间环境污染有关。本想建议你等等，又怕把孩子等长大更难治。可是，老这样奔波又没效果，我也感觉很不安啊。”

吴和平心直往下沉，掏出心窝说：“我自己也知道，带女儿走了不少冤枉路，像一个无头苍蝇乱闯，可是如果停止治疗，心里更难受。”

老中医说："听说武汉有家医院采用激光治疗，效果也许会好一些，不过用激光治疗，孩子会更痛苦。"

"有位小病友的父亲带孩子去试过了。"吴和平说："小病友的父亲我很熟悉，关系也不错，他说激光治疗就是用强高温，烧毁破坏原来的皮肤组织，让其长出新肉。这种手术在国内刚开始，医疗设备简陋，激光焦烤和术后火辣剧痛，连成年人都受不了，他说抱孩子进手术室，等于进一次地狱，孩子在室内叫，他在室外流泪，激光往孩子脸上扎，他的心就像刀割一样难受。我怕听到孩子声嘶力竭的惨叫不敢去，孩子妈又有心脏病，更不敢让她去。"

老中医一阵长叹后说："至少这是一种科研成果，随着研究的深入，设备的更新，毕竟有希望啊。"

冲着这个希望，吴和平带着孩子去武汉某医院，开始了"孩子在里面哭，他在外面流泪"的惨烈经历。

妻子、女儿不间断治疗，住房破旧不堪，经济上的巨大压力像三座大山压在吴和平肩膀上，然而，上帝赐给他那憨厚敦实、略带几分微笑的表情，像大成殿旁的那几棵松柏，平平淡淡却永远展示它的苍然翠绿。

他一如既往地上下班做好分内分外的事；一如既往地做着街头巷尾需要他帮忙的事。

这个时候，卫生纸厂供销两旺，一片火红，三条生产线同时运转，大小电机 40 多台，配电房的电工由 2 人逐渐增加到 8 人。为保障生产，厂里出台了一系列管理制度。

"方梅昆厂长对配电房要求很严，除非电力局提前通知停电，如果是因为电工的责任出现故障停电，影响正常生产，电工挨处分，还要挨经济处罚。"与吴和平一起在配电房工作十年、如今仍做电工的童昌耀师傅，清楚地记得配电房曾发生的一件与吴和平相关，方厂长大发雷霆的事：

那天，配电房青工小丁与他的女朋友闹翻了，女方要求小丁尽快把恋爱期间留在小丁家的一箱子东西，送到她的老家祝站镇。小丁的想法是，亲自上女朋友家挽回这门亲事，又怕挨女方爸爸的揍，他一个人不敢去，就邀一同值班的小林跟他做伴。小林说应该请假，或另安排时间。小丁恳求小林说，厂里不可能批假，时间紧迫，往返就两三个小时，求你帮我一回吧！小林又想到，两个值班人同时离岗，一旦被厂领导发现，不得了，至少要找个人来“顶替一下”。小丁首先想到刚下大夜班的吴和平，他最好打商量，请他替一下应该没问题。小丁当然也知道，吴和平是讲原则的，绝不是什么都愿意顶替，必须得有个合情合理的理由，有一次上班时，小丁想陪前任女朋友去看电影，吴和平知道他的动机后，非但拒绝顶替，还当面批评他对工作不负责任。这回，如果实话实说，吴和平肯定不会帮忙，同样会挨一顿批。

小丁于是编了个“父亲病重，急需送院”的理由。

值了一夜班、刚下班回到家的吴和平听说这个原因，没怎么犹豫就对小丁说，你等一下，我立即过来替你。

事情真不凑巧，以前吴和平多次替人顶班，都平安无事，而这回，小丁小林离开个把小时就出鬼了，全厂突然停电，三条流水线全部停摆。方梅昆厂长火冒三丈，冲着配电房大发雷霆：“养你们这些电工吃干饭的，把生产当儿戏，几百人等着，多大的损失，你们谁值班？”吴和平露出头连连说：“是我，我立即检修。”

方厂长大惑不解，追问吴和平问：“早上我看到你下班，怎么又上班?”方厂长顿时明白过来，火就更大了，“吴和平，你肯定是替人值班。值班人员不顶替，不离岗，那些规定是你用毛笔写的，是你贴上的，你说，你替谁值班?”

吴和平边查修边说:“用电量大，线路老化，突然跳闸，我很快修好。”

实际上，方厂长只要扫一眼墙上贴的轮流值班表，值班人员名单一清二楚，可他就是要吴和平亲口说出被他顶替的人，他要治歪风刹歪气，板子打到当事人的身上。可是吴和平有他的做人底线:既然顶替了，就应该担当，所谓敢作敢当，他感觉自己无法越过这个底线。方厂长见他守口如瓶，感觉这个小子傻到位了，硬邦邦地丢下一句:“好吧，你要当李玉和就当吧，这个月的奖金给你全部扣掉，年底评先进也打个问号。”

吴和平始终没有说出帮谁顶替，小丁小林只是做了检讨，经济上没受什么损失。而吴和平发工资后却躲不过王旭峰这一关。

这个时候，行政官员的工资待遇一刀切，23 级 45 元，老资格的 22 级 51 元，女干部多 5 毛卫生费。当护士的王旭峰月工资只有 19 元。卫生纸厂效益好，一线工人每月可以拿到 48 至 55 元，高得令人红眼，但基本工资普遍并不高，平均 30 元左右，收入主要靠奖金。王旭峰看到吴和平工资袋里只有 26 元，比平时少了近一半，反复追问，吴和平不得不如实话招来。王旭峰一听就来气了:

“就你心肠好。你怎么帮人我不管，但不能影响我家的收入啊!”

吴和平解释说:“哪个没点特殊情况，我带女儿出门看病，虽说利用的都是周末和调休，但有时少不了耽搁一天半天，都是同事帮助我顶班。再说了，这回是偶发的，几分钟我就修好了。事情已经出了，推来推去算什么男人。”

“他们替你值班为什么从不出事？那是你事前反复在检修，把预计到要出的问题提前解决了，当然不会出事扣他们的奖金。”想着女儿治疗没进展，想着自己的病只能维持，想着家里一切就靠他们夫妇那点的工资，王旭峰忍不住泪水掉下来，声音碎碎地说：

“到处都在说下海、倒爷、经商，你却守着老门槛，没有一点生财之道，也没有别的招，我每天恨不得把一分钱掰成两半花，你却把一个月奖金不当回事，这日子怎么过啊!”

吴和平说：“我疼孩子顾工作，还顾着你，我也恨不得把自己分成几块。”

王旭峰泪水涟涟，继续叨叨：“家里苦成这样子，每年底你都领回几张奖状和一堆香皂毛巾，那管什么用啊，去年，我妈给我们弄了一辆自行车，出手至少多卖 30 元，你倒好，你听街头六婆嫁姑娘，看中了我家的自行车，你连我家配的新锁，也一起给了人家，不说赚，还亏了三块钱；你们做电工的，悄悄从厂里搞点电线瓷器，下班后在街头巷尾帮人家捣鼓一下，多少可以弄点饭钱烟钱，你倒好，死搬硬套，一板一眼，不管谁家电路出问题，一喊就跑过去，自己掏钱买零件不说，还喊这个叔叔叫那个干妈。你爸早说了，我们这代不欠情，你就是割不断、放不下。还有，我家老房变成危房了，每年雨季里外流成河，我和孩子没地方躲，总是用坛坛罐罐接，屋里湿淋淋的，太阳一出，满屋是霉味；刮风时，陈木腐柱仿佛在晃悠，这些你都不往心里放，卫生纸厂里一次次搞扩建，那么多水泥木材摆在院子里，你就不知道弄一点回来糊一糊，补一补……”

吴和平知道，每个人的心里都躲藏着一个“丑角”，它是每个人的一部分，区别在于控制好它、管理好它，决不能让它随意露头，他于是对妻子说：“我不是不往心里放，可我是共青团员，正在追求入党，占公家的便宜我说不出口，下不了手。再说了，厂里有些工人的家，日子比我们还难，有一家8口挤在三十平的屋子里，有几个孩子多的特困家庭靠捡菜帮填日子。看你怎么比。”

王旭峰扬起头来，抬高嗓门说：“我不比别人，只比你们几个电工。”

吴和平硬朗地说：“再难，也不能挖公家的墙脚，去做亏心事。”

………

这是王旭峰婚后第一次与丈夫发生激烈争吵。那几天，旭峰感觉麻木了，被岁月掏空了，她呆呆坐在家门口，思绪游移。家离卫生所太近，坐在家里就能“瞅岗”。瞅多瞅久了，她发现了一个令她吃惊的现象：

从家里往卫生所看，上午看是逆光，距离如此之近，却因阳光照射，看上去一切朦朦胧胧，含含糊糊；下午是顺光，一切是那样的清晰。而从卫生所往对面家的方向，恰恰相反，上午是顺光，下午是逆光。同样的距离，在不同的时间段，效果完全不同。

她突然想起来，婚前，她最喜欢看吴和平下班那个时段，那时太阳偏西，全是灿烂的逆光。

逆光让万物变得极美无比。逆光下吴和平的家里尽管破烂不堪，却被柔和的七彩光芒渲染放大，勾画出红霞如染、云海蒸腾的景致。逆光之下，不仅让她对吴和平的爱情及后来生活产生了许多美好幻想，似乎还把吴和平狗窝般的家变成了温馨无比的宫殿。如今，逆光收场了，露出真实面目，她突然发现爱情是陷阱，是圈套，是情人眼里根本“不存在”的西施，可这一切都是你自己疯狂选择的，你必须得面对，必须得承受，因为逆光不会骗人。

王旭峰这时才明白，妈妈说对了，跟着吴和平一生一世，遇到再大的风浪爱情不会翻船，他会爱你一辈子，但日子会很苦，要长期为生存挣扎。妈妈还提醒说，这不是品质好坏的问题，而是与他的经历和性格相关。每个人的缺陷在童年和少年时就注定了，底色在少年时就抹涂定型了。苍天隐隐有一种说不清道不明的规律在闪烁，那就是人生离不开他的原点，离不开他童年的经历和感受，离不开他自身的缺陷造成的落差的冲击，想婚后改变他，是极其困难的，也是不可能的。再加上，社会资源绝大多数控制在强大男人的手里，那些强大的男人充满能力、智慧，普通男人需要一辈子努力的事，他们往往一个挥手，一个决定，一个签字，就搞定了，就能让他心爱的女人得到梦幻中的实惠和虚荣，一辈子衣食无忧享受生活。所以，能征服强大男人的女人，不一定是最漂亮的女人，但十有八九是优秀的女人，是内在强大的女人，是充满自信有想法的女人。

而那些自称优秀、轻而易举找到所谓最爱的女人，往往是空壳女人，他们的丈夫最容易被征服，被击败，最终十有八九会有一天，要帮丈夫推板车，靠做苦力维持生计。

王旭峰这时明白，吴和平是好男人，但不是强大的男人，他属于服从的一类，实干的一类，听话的一类，兢兢业业的一类；也是平平淡淡的一类。妈妈还说过，婚后首先要学会适应，适应平淡。因为平淡的人太多，苦人太多，等待强大男人救助的太多。说白了，平淡人是底层人，平淡人要有颗平淡的心，平淡的人不要与别人比；而且要不急不躁地面对生活缺这少那，学会求人拜佛，学会放弃尊严。最要紧的是无论多难，要能忍会扛，再大的山要咬牙爬过去，硬挺过去，就这个理。

满三十了，看不到吴和平任何成功的苗头，一切都被妈妈言中了！到了自己认命、服气的时候。为了增加家里收入，王旭峰放弃了街道党组织培养她当行政干部的安排，同时放弃了她曾经引以为豪的护士职业，选择调到经营效益较好、工资较高的纸箱厂，当了一名仓库保管员。

生活像一盆豆渣，豆棍提走了，豆浆也压干了，只剩下渣了。她实际上已经在帮丈夫“推板车”了。

一声惊雷，把王旭峰从幻觉中拉回现实，她发现自己在梦中哭得很伤心，醒来脸上还挂着泪珠。深夜，屋外的雨下得更大，家里坛坛罐罐又装满了。

女儿这时被雷声惊醒，发现爸爸不在，不顾一切叫起来：“我要爸爸，要爸爸，爸爸去了哪里?”

王旭峰耐着性子说：“你不能什么时候都离不开你爸，你快要上学了，要学着懂事。”

刚 4 岁的恒敏，虽然经历了她这个年龄段难以承受的苦难，但丝毫没有影响她的天资聪明和伶俐，她与爸爸的感情深，每次往返医院，无论路途多远，无论春夏秋冬，她总是依在爸爸怀里。手术时她哭，爸爸跟着掉泪，三岁后她就开始心疼爸爸，痛得直流汗还说不痛，她不想看到爸爸流泪。但是在这样雷雨交加的晚上，没有看到爸爸，感觉特难过，背对着妈妈在床头哭。

王旭峰劝不住。她当然不会告诉女儿爸妈吵架了，妈妈现在有点恨你爸。她对女儿说："外面发洪水了，你爸当纸厂的突击队长，带民兵到八一大桥抗洪去了！"

4 打出一片蓝天

这是 1983 年 7 月间，是千湖之省湖北最容易发生洪灾的季节。

王旭峰最开始对丈夫当突击队长，带民兵到八一大桥抗洪并没怎么在意。原因是吴和平在卫生纸厂当民兵排长期间，经常带突击队应付火灾、水灾……有一回吴和平参加演习，回家时发现棉衣背后都被烤煳了她才知道，拉练途中正吃饭突然接到转移命令，半锅饭倒掉可惜，吴和平想都没想，热锅热饭一股脑绑在自己的背上，穿过村子时，孩子们看他背后冒气，以为是新式武器，跟在他后面走到终点，才知道是大米饭……

外面的雨越下越大，王旭峰心里隐隐不安，她突然想起一位哲人说过的一句话：有爱的人能挺过难关。抗洪是难关么？次日早上雨下小了，三婆买菜经过她家门口，突然对她说："旭峰，今年雨水快要比上 54 年了，54 年外坝破了一个口子，新华街的水淹到膝盖了，啊，对了。"三婆突然想起一件天大的事，惊慌地说："刚才买菜听人说，不得了哇！

砂轮厂、黄板纸厂、伞厂、卫生纸厂、纸箱厂去八一大桥抗洪的民兵，已经死了 6 个，伤了很多。省市领导都到场了，部队都上去了，和平带着纸厂的 32 人也上去了，纸厂的家属都担心得不得了。”

过去很多年了，王旭峰对这个事记忆很深，她喊着昏迷中的吴和平说：

> 那回你得了一个很大的奖状，又发了一条毛巾和一块香皂。那回，头一天，我跟你吵架了，你在雨中消失后，我看到女儿对我仇视的目光，我心里崩溃了。我内心其实很脆弱，我知道，我们夫妇早融到一起了，感情上根本离不开。离不开翻院墙时需要你吊进吊出的那种感觉，离不开你山一般的身子给我遮风挡雨，离不开你憨厚的微笑和牛一般知足常乐的性格对我情绪的安抚，离不开你为左邻右舍做完好事后快乐心情对我的感染。偶尔的争吵，让我更感觉对你的依恋和不舍。和平，说实话，我结婚前后有一段时间，一直盼望你在事业上和我们的爱情上双完美，不过我很快放弃了，变得适应你。我们都是平凡人，平凡人有什么不好，平凡人虽苦点累点，干什么都需要手脚到位。但平凡人真实、自然、不需要伪装，想哭就哭，想闹就闹，想笑就笑；平凡人对幸福的感觉很容易满足，平凡人只是感叹自己机遇不好，却很少抱怨社会不公；平凡人不需要看任何人脸色，不需要任何做作，无时无刻不在享受上帝赐的喜怒哀乐，享受纯自然纯本色的雨露甘甜。
>
> 三婆说死了 6 个，我当时就慌了神，胆战心惊，一

刻也等不下去，我要去看你，要去抗洪现场，要亲眼看到你是不是还活着！我把女儿送到娘家妈妈那里，拦住一辆送抗洪物资的货车，直奔10公里远的八一大桥。

到现场看到府河水白浪滔天，一望无垠，我感觉头有点晕。惊涛骇浪的左岸，人流如织，终于看到你赤裸上身正使劲打桩，隔着水，隔着大众，我过不去。我很二，在一些人眼里我肯定是个疯子，我全不管了，站在岸边疯喊：吴——和——平。

和平，你隐隐听到了，真切听到了，你停下手里的榔头，看到是我，很快乐地骂我说：你个婆娘疯了！

接下来发生的一件事，真的让我喜得有点发疯。

经过孝感公安系统长期考察，决定把你调进公安队伍，成为一名合同民警。

你还记得吗，和平？从那时起，你的人生翻开了新的一页。

第四章

农田十年，难忘那瓶敌敌畏

昏迷第659天。孝感第一人民医院304病房。

孝感原农田片区南桥、沙沟、渡口、临门城、苏家港社区（村）的石春、石英，小甘和小杰等十几位居民，再次去病室看望吴和平。早些年，吴和平在原农田片工作时，不仅与那里社区（村）的居民结下了很深的友谊，而且几十年来一直保持着来往，不少居民去过吴和平的家。因为去过他家的人太多，因为照料吴和平王旭峰被苦难磨得她憔悴不堪，失去了一些记忆，所以到病房看望的人，哪怕去过多次，她都说不出人家的姓名。石春对着病床喊了一阵“吴警官”，仍呼不应，喊不动，心疼地说：“那么好的一个人，那么明白地为我们处理家长里短，一套一套地解决我们的矛盾，让我们心服口服，好好的人，怎么会变成植物人？太可惜了！”

石英怕王旭峰听到不好受，撞了石春一下，连忙解释说：“石春的意思是，吴警官以前在农田工作时办事周到细心，特别受群众喜欢。就说我和石春吧，有段日子闹得水火不相容，吴警官几次上门，硬把我们姐妹的心重新说到了一起，后来他调进城，多年来我们遇到疙疙瘩瘩的事还是找他，麻烦他，他总是那样耐心，把事情办得服服帖帖，我们从心里感谢他。石春是想表达我们的感激之意。”

“不用解释了，我不会有想法的。”王旭峰反而安慰他们说：“医生都说吴和平是植物人，醒来的可能性很小，可我就是不信，你们看，他一听到熟人的声音，眼皮就眨巴一下，他是好人，他的心跳、脉搏、血压跟好人一样，他会醒来的，不会让你们失望的。”

不管王旭峰怎么说，这些老朋友仍然拿惊讶的目光望着她，目光里充满怜悯：快两年了，她日夜守候，黑发熬成白发，满上布满皱纹，人瘦弱得变了形，可是每次她都说“不是植物人”“一定会醒来”“你们放心吧”之类的安慰话，而病床上的吴和平仿佛天地间都静止了，像根倒下的木头，总是那副无动于衷的老样子，他何时醒来？能不能醒来？王旭峰的身体能守多久？她们开始担心，继续下去王旭峰的精神会不会出问题……

1　刚穿警服遇命案

1983年，是中国改革开放一个承前启后的年份，又是一个令人不安的年景。改革开放之初，法律法规体系不健全，加上十年“文革”，打砸抢的毒素还没有清，社会上出现大批黑社会团伙，各种大案要案频发，严重扰乱了社会治安，危害人民群众生命财产的安全。

总设计师邓小平绝不允许小蟊贼干扰改革开放大业，反复强调：一手抓建设，一手抓法制，两手抓，两手都要硬。

同年8月18日，俗称“818严打”，在中央部署下全国统一行动，开展声势浩大的打击抢劫、强奸、盗窃等严重刑事犯罪活动，从那起，对刑事犯罪分子一次次集中的“严打”拉开了序幕。

在维护社会治安巨大的压力面前，原有的公安警力人手远远不够，不足以对犯罪分子形成强大威慑，于是中央决定：全国正式组建武警部队；公安体系加强力量，从厂矿企业挑选优秀人员充实警力，名为合同民警，也称协警，协助公安民警执行群防群治，联合维护社会治安。

孝感警方在挑选人员时严格执行公安部的条件和标准，要求政治素质过硬、表现好、身体壮、文化高，是民兵骨干、优秀党、团员或者先生工作者。综合条件适合要求的吴和平，进入了首批上报的名单。

实际上，在厂矿企业上报名单之前，多次临时抽调到警方帮助工作的吴和平，已被书院街派出所列入候选名单。同时警局也预感到，因吴和平表现优秀，卫生纸厂不会轻易让“好马出栏”，加之合同警察的工资暂由原单位发，办正式调动肯定会遇到不少麻烦。于是，善于谋略的老警官们决定先斩后奏：无论卫生纸厂的态度如何，先让吴和平到派出所报到，穿上警服，提前熟悉工作。

果然，明白这回“是真调”的卫生纸厂领导，一半都舍不得放他走。方梅昆厂长说：“卫生纸厂是孝感的重点企业，吴和平是我们厂培养出来的人才，是厂里的形象代表，哪能说挖走就挖走。”

“人往高处走，水往低处流。”有的领导虽然舍不得，但想到吴和平的前途，同意他办正式调动手续；个别领导当面说吴和平这好那好，背后却推荐自己“更优秀”的亲朋。各方相持不下。

时任书院街派出所所长的周敦华和他的战友王存章、石吉祥、鲁火才、张康生、朱劲松等，对看中的人才不轻言放弃，他们分头行动，四处做工作说好话，终于让厂方盖了调动章子。不过，行政关系调走了，工资还靠厂里发，到底发多少？发到什么时候？这个权力还在卫生纸厂。对此，书院街派出所也无可奈何，上级要求增加警力，可经费没到位，至少目前没到位。

只顾激动的吴和平哪管工资！领到新警服的那一刻，他热血沸腾、激情飞扬，想当兵没能如愿，却实现了穿警服的豪华梦想。

穿上崭新警服从派出所走出来的那一刻，吴和平自豪得快飘起来：不再是电工了，是合同民警，是预备警察。他暗暗发誓，从此后要从严从难，从一点一滴做起，全心全意为群众服务，群众需要时，奋勇当先，在所不辞……而眼前，当过民兵排长的吴和平首先想到，电工与合同民警走路的姿态应该有别，合同民警的姿势该和警察差不多，至少应该相似。那天他走在新华街上，拿出参加民兵训练反复练过的齐步要领：抬头挺胸，目视前方，重心前倾，手臂伸直，四指握拢，自然运臂，每步 75 厘米……

他完全进入了那种境界，却没注意身后一群孩子在跟着跑，也没注意街道两侧那些爷爷奶奶、叔叔婶婶们惊讶、惊叹、惊喜的目光和善意的招呼，直到背后传出他女儿奔跑中的声音，“我爸爸当警察了！”他才感觉有点不好意思，让步伐回归到往日的样子。

这时街坊邻里都围着他，一句句滚烫的祝贺和期盼声传入了他的耳朵。

“和平，你穿警服好威风呀，我家电路坏了你还修吗？”

“和平，我家厕所堵了，你还帮忙疏不？”

“和平，李独腿的三轮车打气，再帮忙会弄脏你的警服。”

…………

吴和平憨笑点头，甚至情不自禁微微招手，回应着这些他视如亲人的老街坊。

这个时候，提着篮子刚买了菜的四婆，激动得颠儿颠儿跑上去，分开人群拦在和平跟前，颤巍巍地摸他的警服，笑得像一朵南瓜花，叫着他的小名说：“平伢啊，穿上警服就等于要干大事，我家那些柴米油盐、萝卜白菜的事儿，以后就别过问了，安心奔你的前程啊。”

“四婆，你说哪里话呀，穿上这身衣服更方便为您老们做事，我什么时候都是您老们的后人，有困难您就是不说，我也会去推门的。”说得四婆老泪直掉。

云梦沙河的大姑妈，每到这个季节隔几天就提鸡蛋到新华街卖，一般情况下，大清早走到新华街，卖完后在和平家凑合吃顿中饭，下午赶回沙河。这天，大姑妈正在街头卖鸡蛋，看到穿崭新警服的吴和平被街坊们前呼后拥，她的心也醉了，高兴得把没卖完的鸡蛋提到和平家，一股脑地往碗里打，边搅边对王旭峰说：“你爸没福气呀，他要是看到和平现在的样子，该多高兴啊！”

王旭峰没有接话，她看到大姑妈连连往碗里打鸡蛋，连忙制止说：“三五个就够了，剩余的留下来我帮你卖，你家还靠它换油盐哩。”

大姑妈声音变调了，哽咽说：“吴家几代人造孽（方言，贫穷、可怜之意），就落和平这个指望，他有喜事，我们喝萝卜粥心里也愿意。”

午饭后，吴和平骑车把大姑妈送回云梦。被大姑妈留下吃了晚饭，返回新华街道已是月明星稀，一遍寂静。他以为妻子睡着了，仍处在激动状态的吴和平，忍不住又穿上警服对着衣柜镜整服装、练敬礼，自我欣赏，陶醉不已。

哪知妻子并没有睡着，正纠结丈夫调动后工资能不能发到手。扭头看到吴和平心无旁骛自我陶醉，又生气又好笑，随即她的心里有一种无法言状的震撼：丈夫不懂深沉，不善藏拙，喜怒哀乐一览无余，在人们眼里是有点苕，苕得固执可爱，苕得工资没着落还一往无前，心里那头犟牛竟然奔过了河。为当上梦寐以求的警察，如痴如狂明显失态。也许这是上苍赐给他的一个机遇，是命运之神向他打开的另一扇门，也许是一扇求得一官半职的门。身为妻子，这又何尝不是她心底里强烈的期待！人说三十而立，吴和平的同学中有的早已立起，而吴和平直到三十才起步，晚是晚点，至少是个好的苗头。可是眼前，必须给他泼盆冷水，让他静下来面对一些现实。于是她说：

“最近看到一本书里有一句话：美好的愿望都是荆棘铺成的。”

吴和平看过当时流行的很多书，可就是一时想不起这句话是哪本里说的，正在记忆中搜索时，王旭峰又说：“警服是派出所配发的，工资却靠老厂发，能不能把工资关系调过去，什么时间调，调过去了能不能成为正式警察，这期间有很长的一段路要走，可能有很多坎，一个坎过不去就等于空喜一场。你现在招摇越大，日后失望越大。”

吴和平觉得妻子说得有理，心里却有点不服气，边脱警服边嘀咕：“人家周所长说了，我是天生的基层民警，要我做长远准备，把干这一行当职业，最好是当事业。他还说公安局看上的人，再难也要调过去。”

王旭峰说：“谁不想自己的男人干事业。问题是调动不干脆，厂里要停发你的工资，派出所说，上面下拨的经费至少半年后才能到位，再好的事业，总不能白干吧。”

吴和平看了妻子一眼，仍充满底气地说：“周所长安排我分管农田片区的南桥、沙沟、渡口、临门城、苏家港五个村，情况都介绍了，那里是城乡接合部……所里给我一定的生活补助。”

“还是临时工，生活补助能解决多少问题？我们家就靠你那点工资，月月足额到位生活还紧巴，如果缺一撇少一捺就搅不浑水。”时刻为家里生活犯愁的王旭峰，很不安地说。

“这次调进公安系统的，像我这样的全国有一百多万，这么大的规模国家一定会有统一政策，不会长期白干的。退一步说，就是厂里一分不发，我也铁了心在公安部门干下去。”

丈夫的铁心让王旭峰喜忧参半。她担心除了不发工资，还怕去干一阵子被打发走人，吴和平灰溜溜地回到厂里，落个里外不是人；甚至她怀疑，当合同警察到底是不是一个机遇和平台？社会转型阶段何止不是这样，当年农村青年挤破脑壳要进城当工人，结果那些工厂首先改制、工人下岗失业；当年很多人想方设法往粮食、食品、供销部门调，结果这些部门的人员如今多是城市的贫困者；就是令人羡慕的公安系统，因为劳累和危险，也让不少人望而止步。进一步说，即便是一个好的机遇和平台，吴和平又是不是那块料？

无法预测前景的王旭峰，目前只希望丈夫有正常的工资收入，便于养家糊口，可眼前的“结”一时无法解开，她只好说：“那就边干边等，推着日子往前过。”

吴和平一分钟也不愿等，周所长交代工作的第二天，他就去农田上班了。

万没有想到就在这一天，农田张家湾村发生了一件令吴和平终生难忘的事，对吴和平从警职业产生了深刻影响。

那天，一对在张家湾承包菜地的夫妇，妻子受了婆婆的辱骂，丈夫不说公道话还不问青红皂白打了妻子一顿，妻子想不开，一气之下抱着“敌敌畏”喝了个底朝天，还没来得及送到医院，人就断气了。娘家人报警后吴和平赶了过去。调查发现，无法证明丈夫打了妻子，矛盾根源是婆媳不和引起的。几年来她们婆媳常为一些芝麻小事纠缠不休。因为她们是外地人，临时租地种菜，没有引起别人的注意，更没有人去化解她们家的矛盾，以致婆媳关系在“焖火”中愈加恶化，发展到势不两立，遇点火星就爆发。悲剧在逐步升级的矛盾中发生了。

让吴和平特别难受的是，这个家的独生女儿月月不满4岁，家人没有让她看到惨不忍睹的妈妈。她糊里糊涂地跟着大人哭，竟然相信大人说的话，妈妈累了，妈妈睡着了，妈妈去医院睡一觉就会回家。

于是她天天等在湾子口，望着妈妈被人拖走的方向。之后又有人对她说，你妈妈死了，已经火化了，不会再回了，她不相信，老是说：“我妈妈要回的，她说了，要送我上幼儿园。”又等了几天还不见妈妈的影子，月月就站在湾子口哭喊，那撕心裂肺的哭喊，肝肠寸断，惨不忍睹。

吴和平哄月月说：“叔叔送你去幼儿园好吗？”再怎么哄，孩子总是说：“我妈妈要回来的，我要妈妈送我。”

2　两个女儿的哭声

几天后，吴和平带自己的女儿去了武汉一家医院，选择了他最不愿意选择的激光消记治疗。快进手术室时他犹豫着求医生说，能不能让他先试一下，医生说从没这个先例。不愿离开爸爸的女儿被医生强行抱进激光室，吴和平的心顿时悬到火焰山上。女儿在里面尖叫一声，他的身子抖动一下，仿佛看到激光把女儿幼嫩细腻的皮肤“烧”得哧哧响，比烧他自己还痛苦千百倍。激光照射损害了皮肤组织，女儿的脸肿得看不到眼睛，张不开口，哪怕用棉球擦一下都痛得大叫。

他怨苍天，实在闹不明白，从遗传上讲，他看到的吴王两家并没有这种病根，为什么把如此苦难降落我女儿身上！这太不公平。

回到孝感，吴和平没有勇气向妻子说激光治疗的痛苦经历，他心里挂着张家湾那个失去妈妈的女儿，随后他赶了过去。不料快要进湾子时，吴和平听路人说，那个该死的敌敌畏药瓶又惹事了：石春和石英两个媳妇打起来，要死要活，闹得不可开交。

看到依然站在湾子的路口等妈妈的月月，想着自己苦难的女儿，吴和平的心里湿漉漉的。可他没有时间，“要死要活”的那一摊还等着他，只能把安慰月月的事往后推。

敌敌畏瓶到底又引发了什么事？

吴和平进一步了解到：菜农的妻子，是在菜地打药时想不通喝下敌敌畏的，人们当时只顾着救人，根本没顾及药瓶里是否还有药。菜农的妻子火化后刚入土，石英承包的鱼塘突然一片白，那个要过人命的敌敌畏药瓶，竟然出现在鱼塘边。愤怒至极的石英思来想去，猜测是石春放的毒，竟在毫无根据的情况下与石春大闹天宫，要石春赔偿。

吴和平调查发现一个重要细节，菜农妻子悲愤自杀时，附近的一位菜农发现并大声呼喊，全湾的人都跑过去救人，谁也没注意那个仍然丢在菜地的药瓶。次日，一字不识的孤老张奶奶路过菜地，以为药瓶是空的，顺手拾起来扔到塘边，鱼死了一片，她才知道药瓶里有药。闯了大祸的张奶奶心里怕，不敢说。

情况弄明白了，可是年过古稀的张奶奶连吃的粮食，都是全湾人摊的，扔药瓶完全是无意的，好意思叫她赔吗？石英只好自认倒霉。

然而，受了冤枉的石春却不肯轻易放手：石英在没有任何证据情况下无缘无故加害她，骂她、还抓她的头发，情理上说不过去。要求吴和平主持公道给个说法，否则，声称要当众给石英承包的鱼塘扔药瓶，毒死鱼子鱼孙。

一个药瓶，害死了一条人命，又闹得一个湾子不安宁！刚穿上警服的吴和平顿时感觉职业神圣，责任重大。他知道，越是难解的结，越是要从头、从细节入手。

原来，石英石春都是李氏家族的媳妇，她们的丈夫供奉同一个曾祖父。两家房屋一前一后，石英家的后门正对着石春家的前门。巧的是她们俩童年在同一个村子长大，同一所学校读书，年龄相仿，少年时也是好姐妹。成年后她们一起出门打工，彼此一直以姐妹相称，结婚之前，是无话不说的闺蜜。

谁也说不清，两家是何时闹崩的。

石春总觉得自己生的是个女儿，比生儿子的石英要低人一等。办满月宴时，石英请了 16 桌人，鞭炮烟雾掩了半边天。石春生下女儿后，丈夫很高兴也想摆 16 桌，却被石春拒绝了，满月酒宴办得很冷清。石春的心情从此没好过，后来她又发现，自家的财运也不如石英家，养的猪不是病死就是被人偷走，而石英养的猪一头头膘肥体壮像牛似的，一卖就是十多头，果园里总是果实累累。石春看在眼里急在心里，养猪不成改行养鱼，没料到鱼儿长到半斤左右时，不知是生病还是缺氧，一夜间全翻了肚皮。承包款无法交齐，还落下 3 万多元的欠债。石春无可奈何，只好和丈夫商量放弃承包鱼塘，没有想到财大气粗的石英随后与村里签订合同，承包了她刚放弃的鱼塘。

这让石春又气愤又感觉丢面子，怄得吃不香睡不着，无奈中去求风水先生。风水先生收了钱，房前屋后转了一圈糊弄石春说：你家门前有座山，山上有排树，山挡财，树挡运。石春细一想，那山是石英的房屋，那树是石英的果树。不把石英一家逼到别处住，这一辈子是狗屎运，别想翻身，也别想发财，只有永远认倒霉。

可是要逼石英搬家，得有个合理的理由。她思来想去，唯一的办法是翻脸不认人，没事找事闹得石英家不得安宁、日子过不下去。这个歪念一形成，她就瞪大眼睛四处找茬，今天说石英家的树挡了她家阳光，要锯掉；明天说雨水冲了她家墙根，要在石英后院开沟。石英不答应她就缠着吵、跟着闹，恶语相加，破口大骂。石英想到两家昔日友情，处处强忍、事事躲闪，但因为隔得近，明枪易躲，暗箭难防。

日子一久，两个女人的不和也影响到她们丈夫的关系，两个同在武汉打工的丈夫开始疏远，共同语言渐渐少了。可是上帝依然关照石英，养什么都挣钱、种什么都丰收，财运亨通的石英一家不仅没有搬家的意思，还声称要在现有的宅基地上盖一栋楼房。恰在这时，石春的丈夫因贪污公司销售款被开除。石春认为是石英的丈夫举报的，对石英一家更加恨之入骨，下决心叫石英尝尽苦头。于是石春借打场为名，在石英的儿子小石头经常玩球的地上，扯一根裸露的电线……好在发现早，避免了灾祸。

无论两家怎么闹，她们的两个孩子石头和英子仍是好兄妹，一起往返学校，一起做游戏，一起唱歌跳舞，小英子依旧喊石头哥哥，别的同学欺负小英，小石头仍去保护。看到两个孩子亲热得不得了，石春和石英的关系有所改善，但心里仍相互提防暗暗较劲。石春突然看到石英的鱼塘死了一大片，心里窃喜，却没有想到石英竟然将屎盆扣在她头上，两个女人便又开始针锋相对。

吴和平以他们的孩子为突破口，稳定了她们姐妹的关系。

一个药瓶引发的一连串事件，特别是月月令人心碎的等候和呼喊，从此刻入了吴和平的脑海，几十年刻骨铭心。在农田以及后来所有的日子里，他常常反思：假如有人发现菜农婆媳关系恶劣并及时靠上去说几句劝和话，假如自杀事件发生后，有细心人想到那个药瓶并妥善处理，假如有人提前化解了石春和石英的疙瘩，就很可能避免了这一连串问题的发生，这也让吴和平产生更多的反思：多数治安案件，都是由小疙瘩演变的，而那些小疙瘩往往并不起眼，不被人重视，很多人不愿意去管那个闲事，不愿意去做细致的工作。等小疙瘩逐渐演变成大事时，往往措手不及，这就要求基层民警工作要细心、周密、准确；要多跑路、多了解、多关注，对辖区心里有底，提前预测，提前介入掌控。

从那以后，为了辖区安宁，吴和平日复一日地在农田五个村奔来走去。

农田38个自然湾，7000多人口，村湾分散，村与村、湾与湾之间都是田埂小路，有些地方被塘堰水渠隔断，要绕很远的路程。天晴时，背背推推勉强能用自行车，若遇插秧季节和雨天，只有卷裤腿打赤脚，走一趟就成了泥猴子，加上当时不通电话，主要靠走。从那时起吴和平就开始了“走”的经历。

经常大早出门，深夜回家，累得边洗脚边打瞌睡，王旭峰心疼地说：“跟你说了多次，农田那么多人，那么多家，缠人的事太多，实在累不过敷衍一下，打个马虎眼，不就轻松了？”

吴和平说：“卫生纸厂给我补发了工资，工资关系正式转到派出所。厂里也好，所里也好，都关心我信任我。农田那一块，我要上对得起组织，下对得起群众，脚走到位，嘴说到位，措施落实到位，绝不能出治安大事。”

王旭峰说：“你越认真，麻烦事就越多，找你的人就越多。百姓家里事有族长有村主任；杀人放火的事有刑警有正式警察。你毕竟是一个合同民警，那么大一片，哪能样样管好。”

吴和平进入工作状态后，责任心让他根本刹不住。他就是不停地“走”，一周才能转完一个村，结果是，村里解决不了的问题，白天没找到他，晚上就去新华街敲他家的门。

3 烦心事夜敲门

他的家，祖先留下那个单间老瓦房，只有二十八九平方米，结婚时，吴和平对房间进行了“装修”：用芦席隔成一大一小两间，大间是他们夫妇的卧房，小间能摆下一个小桌子和几个小凳，既当饭桌，也成了农田五个村的议事室，解决疑难的“公堂”。

夜里，听到敲门声，王旭峰心里就一阵阵发紧，连忙用被子捂耳朵，但房子太少，小客厅与卧房隔开的芦席只糊了一层报纸，来人连他们的呼吸声都能听到。开始一些日子王旭峰很紧张，总担心喝了酒的人坐凳子不小心，把芦席碰倒让她尴尬，那样她只有裹着被子滚到床底藏起来。好在这样的事并没有发生，每次她清晰地听到吴和平敬烟、递茶、让座之后，就是来人急不可待的倾诉、叫声、笑声、骂声或哭声。今天是张家为放秧水被打伤，赵家的树苗被人偷；明天是李家的牛失踪，王家的鱼塘被哄抢……

“每到这时，我就心烦意乱毫无睡意。村干部多少有些文化，知道夜里打扰不好，一般把事情经过说完，有了结果就走，或者把吴和平拉到门外去说。村干部大多数抽烟，为应付接待消耗，吴和平身上总装着两种烟，好点的留给客人，差点的自己抽。那时，大众化烟是“大鸡公”“圆球”，较好的是“游泳”，高档的是“永光”。越劣质，烟味越呛人，我闻到就头痛。为不影响我和孩子，吴和平把纸墙的角角缝缝都糊起来，甚至把挂的衣服都移到不被烟雾熏烤的地方。等客人走了，他就把前后的门窗打开，轻脚轻手擦一遍。

“最怕是一些妻子或母亲，她们到家总是哭哭啼啼没完没了。有一次，一个年轻人犯了事，被吴和平带到派出所后，关进了拘留所。这个年轻人的母亲白天蹲在街口，等吴和平下班回家，她跟着走进我家，一进门就放声大哭，要吴和平私了，放她儿子。吴和平虽然为人和善良，乐于助人，到处是朋友，但他有原则有底线，耐心对这位母亲说：你儿子干的事越过了法律底线，无论如何私了不了，必须依法处理。要她说服儿子交代问题，这位母亲果然去做儿子的工作，儿子主动配合，得到了宽大处理。还有一次，一对在农田租房子住的外地夫妇，其夫不知道采用什么骗术，从广州骗回了一卡车木板。村民报警后吴和平赶过去，把车和人送到派出所。骗子的妻子打听到我家住处，连夜跑来大哭。吴和平跟她谈了很多，才稳住她的情绪。已是深夜，我特烦，真想起床把她轰走，可又一想，吴和平那样耐心，嫌疑人家属摸上家门也是无可奈何，只好忍下去。不过，有些事忍不住。

“1988 年春节后的一天，农田的一位村支书带着妇联主任夜里敲开我家的门，对吴和平说，党支部接到上级转来的一封告状信，告该村团支部书记小杰与恋爱对象毛丽发生了不正当关系又抛弃女方，上级责成严肃处理。吴和平看了信有些纳闷：小杰工作积极，能力强，品质不错，怎么会做出这种事？而且吴和平还知道，小杰的女友姓安，高中同学，关系挺好，怎么突然杀出个姓毛的姑娘？疑问缠绕着吴和平的思绪，他嘱咐前来的两位，没有弄清楚前此事不可张扬。

“次日晚，小杰被吴和平叫到家里谈话。小杰平静地说，他与安霞恋爱的事家里并不知道。去年 10 月，他父亲自作主张给他在林家湾介绍了一个叫毛丽的姑娘，还给女方送了礼，约好最近见面定亲。父亲做完这一切小杰才知道，小杰对父亲说，他喜欢安霞，不同意这门亲事。毛家觉得丢了脸不肯罢休。小杰父亲也因为花了钱，逼小杰与毛丽好。小杰做不通父亲的工作，直接给毛家写了吹灯信。吴和平从侧面问小杰：你对毛姑娘印象如何？小杰果断地说：隔着五六里，从没有跟她见面。这就怪了，从没见面怎么会有那事？吴和平随后对小杰说：你先回去，过两天我去一趟毛家村。”

哪知道第二天，小杰的父亲带毛姑娘闯到吴和平家。姑娘啼哭不止求警官为她做主。小杰的父亲骂儿子不孝无德，要吴警官劝小杰与毛丽和好。随后赶来的小杰，很悲观地对吴和平说：我父亲这么一折腾，全身长嘴也说不清了。

面对这一连串的疑问，吴和平觉得首先要弄清楚小杰与毛姑娘到底有没有“那回事”？他先稳住小杰父亲的情绪，然后送给毛姑娘一本《爱情与心灵美》，嘱咐毛姑娘说：“把书读完，读出感想再来找我，定帮你把这事处理好。”

几天后毛姑娘果然找来了，正好王旭峰在家。毛姑娘含着泪说出了实话。原来，她父亲与小杰的二伯是在府河打鱼时认识的，并交上了朋友。有一回她随父亲到小杰二伯家玩，看到了小杰为人好，长得英俊，又听说是团支部书记、后备干部苗子就动了心，托小杰二伯出面说媒，却不知道小杰心里已有了人。小杰二伯感到丢了面子，更觉得小杰的发展必然会超过他的儿女，就借机出歪主意，要毛姑娘按他说的做。那年头，一沾男女作风问题，不是熄火，就是倒霉，小杰对这门婚事不干也得干。小杰父亲没有文化，而且脾气倔，一直还蒙在鼓里。毛姑娘说：吴警官，我看了你给的书，知道做人最基本是诚实，如果连这一点都做不到，如何谈爱情？我不能昧着良心说瞎话，我与小杰根本就没那回事，全是他二伯指使的。姑娘说完，愧疚地低下了头。

一场“鸳鸯案”就这样圆满结束了，小杰的前途没有受到任何影响，后来他提了干，调孝感市直机关工作。

对这类事儿，王旭峰尽管感觉丈夫管得有点宽，但她认为管得值。而且在她看来，那时年轻人普遍好学上进，正能量占上风，工作容易做，有时一句话一个点子就能解开很大的疙瘩，没有现在的年轻人这么复杂。

王旭峰在芦席里面，也听到了非常不舒服的事：有的丈夫从不打妻子，却对妻子实施冷暴力。冷暴力比打还让人难受。

深度受伤的小甘，在女同事陪同下夜里找到吴和平的家，含泪说出了别人根本不相信的话：

“我和丈夫都受过高等教育，看上去是一个幸福家庭，实际上我生活在苦难的深渊。我们是做农具的公司，在农田扎根，属吴警官的辖区。当着员工的面，我老公黎黎对我百般关爱，给我买衣服，陪我散步。可是一进家门，遇到一点不顺心的事就板着脸找茬，我处处得依着他，稍微顶撞，他什么话都说得出口，不管我是否受得了。

“我做的青豆炒肉，不慎多放了点盐，他吃了一口扔下筷子，气呼呼地说：我说过多次，太咸会导致高血压，你是什么脑袋？我说：对不起，肉咸了留给我，你吃炒鸡蛋。他仍不依不饶说：看样子能干，其实不如个保姆。我气得直流泪。吃完饭，他总是喊泡杯茶来，我放茶叶多了他说苦；放少了，他说不如自来水。一次不小心开水漫过杯子，我的手指烫得生疼，他不伸手接，还嘲笑说：人家三陪小姐都知道，茶七酒八，你读了几筐书连这点理都不懂啊，我的太太。我忍不住了说：我不是小姐，也不是太太，我是你的佣人，是怎么伺候也讨不到主人喜欢的丫头。他脸一沉，故意将茶水泼在地毯上，要我去洗干净。

“五一节那天，我的一位同学来电话说，今天是我们的结婚纪念日，同学们想到我家来开开心。我不敢做主，捂着电话，对打了一夜麻将刚要入睡的黎黎说：同学们想为我们庆贺，我们去宾馆包一席吧。他竟说，好哇，最好到红灯区去！

“我强忍着求他说：都是童年时代的好朋友，一年难得聚一次，你就给一次面子吧。黎黎说：还要多少次，你太肥，穿什么都不好看，我跟着丢人现眼。他说得很平静，而我却像被雷击中了，难受得全身发抖。我痛苦地说：我们都是文化人，你老往我的伤口上撒盐，比打我还难受，我努力想把日子过好，你不要老折磨我好不好。他反而来气了说：难道我不想过好日子？婚后你要什么给什么，工作是我安排的，房子是公司分的，连你婚前跟男友睡过的事我都包容了，我折磨你什么？

“我气得一天没吃东西，也懒得给他做饭。到了晚上，公司的祝总带着太太来串门，黎黎立即换了一副和善的面孔喊：小甘快出来，来客了。这时，我也只好装作没事一样出来迎接祝总夫妇。祝太太说：放这么长的假，怎么不出去转转？黎黎怕我说漏了嘴，连忙接过话说：上午陪她上街转了一趟，准备明天出发，小甘说她家乡空气好，打算去住几天！明知他说假话，我也附和着。我可怜地坚守着家丑不外传的古训，纵容了他对我的进一步伤害，我的日子成了地狱。我变得越来越憔悴，整天头晕，记忆力下降，我失去了健康，也失去了美丽。夫妻关系进一步恶化，我们每次吵过后，10多天不说一句话，像两个陌生人，积累的痛苦日益沉重，无法化解的疙瘩使彼此更加憎恨……"

在隔墙房间里的王旭峰，什么样的稀奇古怪都听到过，都忍受了，这次她却忍不住了，呼地从房里跑出来说，生气地说："小甘妹妹，我说句实话，这就叫冷暴力，多数出现在你们这些有文化的家庭，它比暴力更残忍，更痛苦，他在精神上折磨你，控制你，叫你死不了活不好，有苦没法诉，有泪往心里流，别人不知内情，无法劝解做工作。原因主要是你自己太软弱，不敢面对他不爱你的现实。实在过不下去，大路朝天，还怕拿着猪头找不到庙门？"

"不要动不动就离。"吴和平打断王旭峰的话，耐心安慰小甘说，"你回家跟他放开谈，爱情的本质是男女平等，他如果老不改，老这样折磨你，再考虑下一步。"

之后，吴和平又多次利用到这家企业检查治安的机会，与小甘的丈夫黎黎交心，旁敲侧击地提醒他处理好夫妇关系，用心爱自己的妻子。几个月后，小甘又到吴和平家，高兴地说：谢谢吴警官，谢谢王大姐，黎黎毛病改多了，我对将来的日子也有了信心。”

4 老瓦房突然坍塌

每天都在化解外面的麻烦事，而吴和平自己的烦心事却仍在困扰着他：当了九年合同民警还没转正，治女儿胎记折腾多年不见转好；这时王旭峰所在纸箱厂，根据相关政策给了他们夫妇再生一胎的准生证。儿子吴恒斌的出生，既是喜事又是忧事，为了增加收入，减轻丈夫的压力，王旭峰边吃药边利用周末到父亲任职的百货公司做兼职……

日子悠悠，平凡与贫困早把王旭峰的梦想磨平了，磨淡了，为了生活她必须不停地“奔”，在底层经受着命运赐予的平实与普通，酸甜与苦辣，痛苦与快乐，这时她唯一的盼望是：丈夫能够早点转正，成为一名正式警察。

1989 年 8 月间，湖北发生了自 1954 年以来最大的洪灾。孝感的澴河、府河水位高涨，波涛汹涌，多处告急。在市委统一领导下，孝感驻军、公安干警和民兵紧急出动，奔向各个险要地段。为保护孝感城区，市委同时做出紧急情况下在陡岗澴河地段炸堤分洪的预案，解放军工兵部队已将数吨炸药运到现场。当时的孝感县公安局承担着将炸点下游 9 个自然村、数千群众转移至安全地带的紧急任务。

吴和平和几位战友们负责转移的村子，正处在炸点下游位置。这天凌晨两点接到命令出门时，吴和平嘱咐妻子说：“屋里到处漏，你弄不动，等我回来。”王旭峰听到外面的雨下得很大，从床底纸箱里拿出雨靴让他穿上。正式民警配发这样的雨靴，合同民警得自己掏钱买。吴和平舍不得穿，雨天经常打赤脚。

吴和平离开家后，伴随刺眼的闪电和滚滚的惊雷，雨更大，屋里漏得更厉害。王旭峰用伞护着两个熟睡的孩子，心里有种隐隐不安。渐渐地，瓦缝露出亮光，水把拖鞋漂起来了。不知丈夫什么时候回，等不及了，她用葫芦瓢把积水舀到脸盆，一盆盆端到门外。这时雷声远去，雨停了，街头行人渐渐多了起来。

正在舀水时，王旭峰听到一种奇怪的声响，听上去有点像木头无法负重、慢慢压断那样撕裂声，紧接着，她发现这种声音在屋里弥漫，屋顶吱吱作响，柱子横梁在倾斜、移动、变形，失去依托的瓦片开始掉落……她惊恐万分，脸盆掉在地上，慌忙扑向两个孩子，抱一个牵一个拼命往外跑，刚跑出家门，追着她的脚跟，老瓦屋轰然坍塌，眨眼间变成了一堆废墟。女儿吓得大哭，一岁的恒斌惊得直往她怀里钻。街坊邻里听坍塌声纷纷跑过来，看到惊魂未定的王旭峰和她的两个孩子没事，才松了口气。

过了好一会儿，王旭峰才回到现实中来，心里骂吴和平没有用，让她和两个孩子住这样的老破房，险些要了她们的命。

多年后，几经改造后的新华街口宽敞明亮、整齐繁华，行人摩肩接踵、熙来攘往，一个接一个的门店生意都很火红。可是再往里走，走进当年的篾货街就有种闯入胡同的感觉，与那些繁华的新街相比，这里冷清多了。古代的规划者们，只想到街面能通八抬大轿就够宽了，做梦都没想到百年后的今天，连普通百姓都用上私家轿车，都开车到新华街口买菜、过早、购物。

在胡同晒太阳的姜珍敏奶奶15岁就嫁到箧货街，在这条老街上生活了68年，她说，吴和平家的老屋，是老列架，有5根老柱子，兴许是吴得志的前人买下的，单门店，很浅，屋里有个阁楼，吴和平、张少华、赵文他们小时常爬进阁楼看书。云梦的三个姑妈或姐姐来了，就搭地铺。房子倒塌时，旭峰反应快没出事。后来，王旭峰娘家的兄弟借钱出力，帮王旭峰做成现在这个单层楼面，太窄，住不下，至今空着，也没人愿意租……

王旭峰娘家亲人听说她家的房子塌了，一家老少风风火火赶到新华街。看到旭峰和两个孩子没事，只是生活用品全埋在了废墟里，王旭峰的妈妈魏幼芳心里的一块石头才落下来，她对在废墟上翻东西的两个小儿子说："看看陪嫁的那些砸坏了没有，其余的看着都恶心，砸了就砸了。"

妈妈说的是本来话，也是实话，并没有别的用意，可是王旭峰听到后感觉不顺耳，甚至有些伤心。在王旭峰看来，妈妈等于在说：你婚前发誓证明，现在都证明出来了，一切是错的，所有努力和向往都是竹篮子打水。

父亲王建华感觉老伴的话不妥，无论是有意无意，容易引起女儿误解，连忙说："只要没砸坏的全都翻出来，洗洗晒晒还可以用嘛。"之后又安慰旭峰说："孩子，先搬回家住些日子，房子的事，我们一起想办法重建。"

王旭峰想到娘家窄得根本住不下她们一家四口，而且就是住得下，她也不想回去住，不想听妈妈的那些带刺的话，她含着泪水对着爸爸说："街坊李婆婆愿给我们腾房，旁边的水运公司也有空房，他们的经理要我们去住，就不给家里添乱了。再说，吴和平虽然还没转正，但他兢兢业业，派出所不会看着不管的。”

从坍塌房里逃出来的那一刻，王旭峰恨恨地想，等吴和平回来绝不放过他，要闹个天翻地覆。听了妈妈那句话，她改变了主意，再难再苦也要扶植丈夫，即使看不到丈夫的任何前途和希望，也要陪他走到底。她这时突然想起一件事，大喊着对两个弟弟说：“别的砸坏了算了，你们看看能不能找到吴和平的那些奖状，那是我们一家人引以为豪的宝贝。”她把最后一句说得很重，说完瞅了妈妈一眼，妈妈的脾气仍然很烈而且比过去更敏感，想到女儿遇到这等难事，连家也不愿意回，还想着砸得一文不值的奖状，气得瞪了女儿一眼，转身走了。

当晚，王旭峰带一对儿女住到水运公司宿舍。丈夫还没有回，又想起妈妈的话，她难以入睡，自己到底错在哪？吴和平又错在哪里？他没有错，他像一头牛总是拼命做事，从不叫一声苦，吭一声累；他爱家爱妻子，爱两个孩子，为了节约钱给女儿治胎记，一年到头裹着那身警服，抽最便宜的烟，家里做点好吃的，总是留给她和两个孩子；从农田回家买点鱼虾，炒在咸菜里，他挑到儿女碗里，送到儿子嘴里。女儿长大了，爱面子了，过年过节不愿走亲戚，他去亲戚家匆忙吃口饭，就回家陪女儿，女儿哭他哭，女儿笑他笑。

他错在哪？我们哪里有错？是的，我们不富裕，我们的日子苦也很穷，可这日子是我们自己过，没有要亲人承受，也没有要父母代替，更没有找家里麻烦；我们没有错啊！可是这么多年过去了，妈妈表面接受了吴和平，感情上并没有完全接纳，哪怕已有了两个孩子，哪怕吴和平喊她妈妈喊得那么响亮……

我们哪里有错？我早不跟任何人攀比了，早没有嫉妒和羡慕心理了，早已认命了。人和人不一样，各有各的活法，人外有人，山外有山。不强求不属于我们的，我们知足常乐，一无所有也常乐。夫妇感情有时起点涟漪，我们总是多看对方的优点和长处，心连着心度过了一个个难关；事业上吴和平已经加入了党组织，年年获奖，多次当标兵做模范，我们错在哪？哪里有错……

一声惊雷，窗外噼噼啪啪又下起来，王旭峰的思绪转到陡岗抗洪的丈夫身上。

她读初中时在陡岗学过农。陡岗镇坐落在澴水西岸，北边是连绵起伏的小丘，东边是一条清澈如镜的小河，河道弯弯曲曲连着澴水，那条小河上有老石桥。她那时常站在桥头望着对面一望无际的平原。陡岗山清水秀、风景如画、美不胜收，澴水到了陡岗仿佛被这里的景致迷住了，变得犹犹豫豫、弯弯曲曲，逐渐形成了一个水深流急的龙潭，平时好看，可是如果到了汛期，遇到特大洪水，龙潭就开始发威，狭窄弯曲的河道难以承受奔涌而下的洪峰，加之府河洪水倒灌，水位疯涨，对孝感城区形成巨大威胁。

深夜，王旭峰越想越不安：世代生活在那些村湾的百姓，怎么会舍得放弃他们的家园和故土？得花多少口舌才能说动他们撤离？个别老人非常固执不愿走，正好被吴和平遇到，他拿什么劝老人？最后劝动了，可到处黑灯瞎火，指挥部看不到坝下有没有人，一声令下，点火了，坝炸了，水下去了，吴和平没了！

王旭峰不觉泪水满面。

女儿这时从睡梦里醒来，看到妈妈流泪，安慰说：“外公说了，我家房子塌了不怕，他和舅舅们想办法造，你别哭。”

“妈妈不担心房子，我们会有地方住。”

“那你担心什么？爸爸的奖状压碎了，让他再努力得呀！”

“妈妈也不担心奖状，妈妈担心你爸爸太苕，太死心眼，把那位老太太劝动了，却把时间磨过了，磨得不能回家了。”

“妈妈，你在说什么？”

女儿看妈妈把头扭到一边，不敢再问，她拉着妈妈的手，静静期盼着爸爸平安回家。终于在第二天下午，吴和平一脸惊愕地出现在王旭峰和一对儿女的面前。

不等他开口，也不管他全身湿透，王旭峰和一对儿女，奔着爬着扑到他的怀里，哭成一团！

吴和平连连说：“没事没事，你们没事，我也没事。”

“分洪坝炸了没有？群众转移完了没有？”王旭峰顾不上擦去泪水问。

“最后时刻，洪水有所缓解，市里领导扛住了，没有下那个命令。”

王旭峰叹一声说：“你转移群众时，是不是走在最后面，而且肩上背一位非常固执的老人，手里提个大包裹。”

吴和平惊讶地看着妻子说：“你猜对一半，我是背着一个，不过最后撤离时不是我一个人，书院街派出所和陡岗派出所多位战友在一起，做通了固执老人的工作，我体力好，自然该我背。”

王旭峰笑里闪出泪花说：“你笨你苕，我担心死了，要是以前我早跑过去了。”

“我还没转正，农田许多事等着我去做，我们的窝又没了，我怎么舍得丢下你们啊！”说得一家人又抱到一起。

像牛毛一样多的日子，像鸡毛一样缠身的事，又开始周而复始。

终于等来了这一天，1993 年 6 月，吴和平从合同民警转为派出所职工，同年 9 月转为派出所科员，成为一名正式民警。这个时候，离他 40 周岁只差 3 个月；这个时候他的同学有的早当上营长、局长、经理，有的成了专家教授，而他在不惑之年才转正，才进入起跑线。算起来，他的事业比同龄人整整晚了 20 年！

当上正式警察这一天，王旭峰特意做了几道菜，买了一包好烟，陪丈夫喝了一杯，她说：“想年轻就年轻，我们把 40 岁当 30 岁过，顾好儿女奔前途。”

吴和平在这天的日记中写下一段话：

转正来得有点晚，不过我还是有点沾沾自喜。接到转正通知的同时，调回城区派出所做社区民警，和战友们一起负责文昌阁、联合、南桥等社区的治安，是一名治安民警，也是片警。从此有了自己的办公桌，不用再回家闹腾，但城区情况更复杂，麻烦多，难度大，担子更重。要真心实意融入辖区，保持“走”的习惯，“走”入居民的心里，诚心帮他们解难分忧。

第五章

走街串巷，听完衷肠解忧伤

昏迷第 691 天。孝感第一人民医院 304 病房。

几位老人来到病房看望吴和平，像所有看望的人一样，他们先在门口等着王旭峰给吴和平擦洗，喂流食，或搞好他的个人卫生后，再走到吴和平的床头，亲切喊他的名字：和平、和平。看他依旧没有任何反应，个个惊讶不已，露出了失望痛苦的神色。然后对王旭峰说，他们早知道吴和平病倒了，曾随着大批居民到医院来看望过，总想着吴和平身体好，会醒来的，迟早能看到他走在大街小巷上，没料到这一躺就是这么久，太让人心痛，怎么会变成这样子？

靠药物暂时稳定心脏病的王旭峰，虽然渐渐开始面对现实了，但她的行动丝毫不退却，仍然揣着“万分之一的希望”守候丈夫。为了不让别人说她可怜，进而动摇她的意志，她去牙科加固了牙齿，头发一露白，就去楼下染黑，甚至穿上好看的衣服，继续用幻想支撑病床前的日日夜夜，不厌其烦地拿那些老话安慰来看望的居民：爷爷放心吧，吴和平已经习惯了，他睡醒时就盯着天花板，一盯就是几小时，眼睛还能眨一下，血压、脉搏、心跳、皮肤电阻等参数跟正常人一样，他不是植物人，睡的日子再久，也一定会醒来的。

能醒来就好啊！老人们说：这些年来，吴警官一直是我们的知心朋友，我们谁家有难言之隐，都愿对他掏出心窝子，再难、再说不出口的事都愿意对他说。跟他说了，他不是当笑话传，而是真心实意帮我们想办法，出点子，至少会给我们一些安慰。听了他的安慰话，我们心里就亮堂起来。

王旭峰说，我知道，吴和平嘱咐过，家家不仅有本难念的经，还有一本说不出口的‘经’，说不出口的经往往更难，更折磨人，吴和平的日记用代号都记下来了。哪天他醒来了，我让他去看望您，让他跟您聊三天三夜。

三年快过去了，吴和平还没有醒过来！

1 说出你的“隐痛”

调回新华街派出所，吴和平等于回到了自家的门口。

他从小在新华街长大，对这里的角角落落、各家各户的情况了如指掌。居民对他的身世、性格知根知底，自然而然，找他办事的人就更多了。他不担心打不开局面，愁的是时间不够用，是如何把居民的事办好。

媒体后来反复报道吴和平“走”出了一片平安，实际上，王旭峰说，他从农田调回新华街先后骑过三辆自行车：第一辆是全新的，没骑到一个月被小偷偷走了。几天后吴和平捉住那个小偷，小偷下跪说卖了，卖的钱和几个流浪孩子上馆子吃了，吴和平连叹了几声一挥手放了小偷。后又买了一辆八成新的，办案时忘了放在哪个小区，等想起再去骑时却不见影子。再后来又买了一辆七成新的，借给了农田一位卖藕的朋友，交还时链子断成两截。以后他就不再骑车了，总是走。

走路自然会撞到熟人。前面说过，吴和平接待群众习惯双手请坐、双手递烟、双手敬茶；遇到熟人习惯放慢或停下步子，满脸憨笑表达问候。他是一名普通民警，且进入不惑之年才正式入警，家里“造孽”（方言，贫穷、可怜之意），在孝南妇孺皆知，向他倾诉或求他帮忙的人，多数是和他一样的普通干部群体。

当然也不尽然，也有在当地有一定身份的人出于信任或有解决不了的事找他。比如，20 世纪 70 年代在孝感县城关派出所当所长的李水清，他是社区级别较高的离休老干部，家住挑水街。接受笔者采访时他说，“吴和平口碑好，办事非常认真，我在街头看到治安问题就想起他，无论什么时候，他接到电话总是立即赶到现场，处理问题又细致又耐心，让各方心悦诚服。”老所长随后补一句，“孝南公安分局现任领导有判断力，有远见，树吴和平这样的典型看得准，百姓服。”

还比如，吴和平高中时代的同学涂明普，在经委工作时参与企业改制，算断的、下岗的、病退的……伤神的事儿一串串。有一天，某企业前任负责人的儿子抱着父亲的遗像堵住厂门口，要求补偿亡父的待遇。涂明普做了很多工作没有效，只好去请老同学吴和平出面。在吴和平的说服下，问题得以解决。

吴和平在这时的日记中说：

> 进城后才感到城乡治安的区别，村民的一些问题，

相对容易处理一些，不拐弯、不隐蔽，只要脚到位、说到位，就能协调好。城里居民复杂一些，人与人之间有些提防，心灵紧锁，不是特别信得过的人很难听到他们的心里话。所以职责要求社区民警做到：

深入群众、了解疾苦，掌握社情民意，掌握辖区人口动态，尽力为群众排忧解难。在规定时限内办理完申办事项，调解矛盾纠纷，把不稳定因素化解在基层、化解在萌芽状态。预防、减少各类案件和治安灾害事故的发生……

也就是说，一个合格的社区民警，要随时知晓辖区居民在想什么，有什么困难，需要什么帮忙。只有进入他们的心灵，才能掌握他们的动态，提前做好各种预防。

如今，“化解在基层、化解在萌芽状态”很不容易，一个社区住着各种各样的人，有各种各样的事，特别是近几年，随着改革开放的深入，人口的大举流动，社区出现了不少新情况新问题：一是跨地跨省跨国婚姻增多，一个家庭就有两三个省份的成员，一些小区见到各种肤色的人已经是常事，由于语言、风俗习惯有别，一旦发生矛盾，处理起来很麻烦；二是观念发生很大变化，各类爱好、追求、教派、迷信渗入社区，人员复杂，给治安管理带来新的难度；三是社会竞争激烈，贫富差距进一步拉大，有心理疾病的人增多，一旦引发冲突，容易伤及无辜；四是社区老人越来越多，无依无靠者、身心有病的老人随之增多，需要帮忙的压力增大……

这就需要我们社区民警融入感情，多观察、善动脑、勤思考，把群众当亲人，真心为他们办实事做好事解难事，才能赢得群众的信任，才能进入他们的心灵，才能听到他们捂得最久、藏得最深、憋得最难受、最不愿说出口而往往又最容易出事的隐情。只有这样，才能把矛盾和不稳定的因素化解在基层、化解在萌芽状态。

……昨晚，听说街口拐弯处的赵叔夫妇吵架了，有邻居说，赵叔的老伴近来情绪很悲观，多次说，不如眼睛一闭死了算了。赵叔夫妇一起生活了大半辈子，以前感情好好的，到了晚年怎么突然恶化了？找时间顺便去聊聊……另，北正街那对冤家又报警了；三婆家好像有什么事；残疾老板总担心他儿子毒瘾再犯；西门菜市场的郑强和他老婆签定了“儿子考上就离婚”的协议……这些事，目前看上去似乎都不是什么大事，但都在向“事”这方面转化，一旦出了事就是“事”；不能等出事了再管，不能等出了案子才“正在调查”。

吴和平与居民牢固的感情和对辖区熟知的程度，给了他一个难能可贵的机遇：他有条件“提前干预”，有基础化解那些并没有报警、却充满纠结的疑难。

他所倾听、所关注的，是人间百态，是心灵煎熬，是热点纷争，是现代人生活中一些共性的令人思考的问题。他当然没有能力、也不可能解决所有问题，因为隐藏在心底的那些问题，往往比居民生活中遇到的那些表面的鸡毛事、琐碎事、婆妈事更棘手、更费神、更要有耐心和智慧。

他更多的是深入了解，了解过程是他提升的过程。

也许，他只能安慰几句，或打个缓解电话；也许他只能帮人出个点子，或做点穿针引线的事；也许他什么都做不了，只能视作一个现象放在心里。也许，局外人看来这些是“多此一举”，但他的实践证明，不仅能起到镇痛、稳神的作用，还是建设平安、和谐社区不可缺少的重要环节。

2 一门婚事多人怄气

周末，赵婶家。

这是吴和平第三次到赵婶家。

第一次到她家，赵叔到医院拿药去了，躺在床上的赵婶听到吴和平的敲门声，感觉像亲人上门了，连忙起来给吴和平泡茶。吴和平说：我是老电工，顺便来看看你家的电器有没有毛病。面容憔悴的赵婶连连说：你坐你坐。不等吴和平开口，赵婶似乎感觉她家的隐私如果再捂下去，伤的也许不光是她自己，而是一干人，渐渐地，她向吴和平掏出了心窝子。

赵婶的女儿晓翠在西安上大学时，就与同桌的阿强相爱了，两人曾海誓山盟。大学毕业后晓翠回到武汉工作，阿强去了陕北的深山里当老师。遥远的距离，难见面的现实，让形单影只的晓翠对阿强的那一腔深情渐渐变淡了，最后“冷”断了。不久晓翠进了一家跨国公司，在众多追求者里，她最青睐 27 岁的田。他人帅、外语好、学位高，老总出国时总是把他带在身边。可晓翠爱田爱得好苦，个把月才能见一次面。每次约会晓翠都盼望他能提出他们的婚事，田竟毫不隐讳地说，想升到中层主管再考虑这个问题。等待中的第三年，田如愿以偿升到中层，却依然回避谈婚论嫁。晓翠开始怀疑他的爱，忍不住发问：你到底爱不爱我？田内疚地说：再等一年我们就结婚。晓翠气得转身走了。

晓翠想“扭”些日子田会缴械投降。不料拒绝了几次后，田竟不再找她！等晓翠反应过来，他已经出国了。令晓翠难过的是，与田谈了三年，没留下一点甜美的回忆，浪费的全是青春年华。

不知不觉晓翠一晃到了30岁，尽管每天出门着意化妆打扮，可那年的情人节还是没有人给她送花，晓翠被彻底晾到了一边。仿佛在转眼间，她就进入了老姑娘行列。

看到女儿32岁了还没有谈婚论嫁的影子，赵叔劝她实际点，老这样高不成低不就，哪天才能有个家呢？自从与第四个对象分手后，赵婶看女儿的眼神总是怪怪的，女儿每次从武汉回家，她劈头就问：有合适的吗？她不管女儿的脸色，继续数落：你的同学的孩子都上学了，你还晃悠，好像总有人在等你！

晓翠哭着顶撞道：我知道，你们把我当包袱，早想把我泼出去，我偏不！就当一辈子老姑娘。晓翠姨妈见她们母女闹脾气，四下张罗，给晓翠介绍了一个在武汉某企业当团干的小林。双方同病相怜，彼此感觉不错。小林懂事勤快，三天两头开车往孝感的晓翠家跑，进门就抢着干活，哄得赵叔简直把他当儿子看了。那些日子晓翠每天翻看日历，甜蜜地幻想着未来的幸福。

哪知道，就在双方父母开始谈论他们婚事时，一件意想不到的事让他们分了手。那天傍晚，赵叔骑车进胡同，正赶上胡同口修下水道，一辆小车不减速地从后面超了过去，溅了赵叔和另外几个行人一身的臭水。在一片怒骂声中，赵叔看到那辆该死的车停在了他家门口。赵叔一进门就指着小林吼道：你小子眼睛长到哪里去了，胡同口修下水道路面积满臭水，怎么不减速？这是起码的常识呀！

小林随口说：我没看到您在路边。赵叔一听更火了：亏你说得出口，啊，看到我才减速！你知道不，那些行人都是街坊邻里，几十年的工友，你不尊重他们，就是不尊重我；你看不起他们，就是看不起我！将来你真的当上了官，也不是好官，是个远离百姓的坏官。小林被赵叔骂得无地自容，一头钻进车子里，一溜烟跑了……

赵婶正讲着，赵叔突然推门进来了，看到吴和平正与老伴聊天，很是客气。

过了一会儿，赵叔说：和平，我家的下水道有点不畅，你能不能帮忙看一下。吴和平爽快答应，卷起袖子去洗漱间，查看后发现的确需要修，可他家没有修理工具，吴和平只好回去拿。返回的路上，吴和平想到一个问题：如果赵叔是有意打断谈话，说明他不想说出家里隐私，修好下水道后就再不问了。保护个人隐私是他的权利，这是原则。令吴和平没想到的是，返回赵叔家时，赵叔不仅主动给他打下手，还借机对吴和平说：我们相信你，愿把隐私告诉你。不过，我说出来与老伴说出来不一样，她单纯是为倾诉，而我是想从道义和法律层面征求你的意见，想得到你帮助。赵叔随后说出了他的深层担忧：

女儿晓翠与小林分手后，变得更加自卑，对爱情对未来一片迷惘。转眼到了秋天，晓翠的同学秀子约她参加一个去张家界的旅游团。晓翠一听就明白，这是借旅游为名安排她与一个男人见面。出发的前一天，晓翠憋不住把秀子叫到茶馆，逼着她说出那人的样子。秀子说想让她先接触，有了感觉再挑明，万一不成也无所谓。看秀子言语闪烁晓翠就更想知道了。在晓翠的威逼下，秀子只好说：一个看上去很年轻的处级干部，没老婆，女儿在上大学！晓翠一听就火了，大声嚷道：他的年龄足可以做我老爸了。

秀子忙说：你听我说完嘛！晓翠不想听，继续嚷：告诉你，我还没那么不值钱！我一个黄花姑娘配个老头，亏你说得出口！还是老同学，你想把我往火坑里推，让我窝囊一辈子，我一辈子不结婚也绝不委屈自己。晓翠失控地把机票撕碎，扔到秀子的面前，转身跑了。

晓翠回到家里倒在床上哭得天昏地暗。夜深了，她妈妈看她还在折腾，推开门大声丢下一句：你不想人活了？转身又唠叨：街坊的大牛哪点不好，人家一直追你，总比找个老头好吧！那晚，我唉声叹气一夜没有睡着，赵叔说着，忍不住感叹道。

随着年龄增长，晓翠变得越来越敏感，听到有关爱情、家庭的话题，就觉得别人是在有意刺激她，嘲笑她，看不起她。她觉得自己被整个世界抛弃了。

去年春天，我患了急性胆囊炎。送医院手术前后都是大牛跑前跑后的。晓翠赶到医院在我床边一直守到晚上。醒来时我拉着她的手说：孩子，爸老了，你的事我管不了，可你没个家，我死都闭不上眼呀！

见女儿哭了，我又说：你妈没文化，连爱情两个字都不会写，我是个高中生，当初我也犹豫过，可我们前几十年没红过脸。这次犯病我痛得要死，你妈急得四处喊人，在救护车上把我抱在怀里，脸贴着我的鼻子，生怕我断了气。不知道这是不是叫爱情，其实两个人知疼知热在一起过日子才是最真实的。

女儿哭得说不出话来，好一阵子才说：我都37岁了，没尽过一点孝心，还光让老人操心。我对女儿说：大牛一直喜欢你，他虽然高中没毕业，可他身强力壮，为人本分，过日子嘛，不要多少文化。

女儿泣不成声地喊道：我愿意，我愿意与大牛成亲。当时我感觉到女儿有五分赌气，五分无可奈何，却没有想到后果是那样严重……

还没走出婚姻登记处女儿就后悔了，没有爱情的日子可怎么过？她后悔自己糊涂，后悔不该这样轻易断送自己。她在心里喊不想和大牛结婚，她想躲想逃，想撕碎那张“纸”。可她没勇气，她怕我的眼泪，怕我再病倒，怕妈妈的唠叨，怕街坊邻里的眼神。她已经不再是自己了！

婚宴散后，女儿拒绝入洞房，她跪在大牛跟前说：我不能嫁给你，我愿赔偿你所有损失，求你放了我，我要离婚。

大牛喝酒后非常粗鲁，什么也不顾，疯狂地折磨女儿。从新婚起他们就经常打架。前两天，女儿又被大牛打得鼻青脸肿地哭着回家。她妈一看她的样子就跟我拼命吵，说我害了女儿一生。我说，是你先说大牛好，怎么都怪我哩？这些日子我们痛苦万分，后悔不该逼女儿结婚，更不该逼她与大牛结婚。眼前，叫我们万分为难的是，大牛不肯放手，还斗狠说，如果晓翠再闹离婚，就打死她。我和老伴听了更绝望，更觉得办了蠢事，把独生女儿送到火坑，断了我们的后路，我们也天天吵架，感觉活着没意思……

吴和平听完后，安慰赵叔老两口说：女儿的事就够操心了，你们自己一辈子不容易，这个时候更要相互体谅。

随后吴和平摸底发现，晓翠与大牛的确毫无感情可言。之后，他三次找大牛聊天，聊到深处时，大牛哭了，泪水满面地说：每次打了晓翠后，我都难过得躲在厕所哭半天，真的后悔不该和她结婚的，她一点也不爱我，我们的日子很苦，一天天往前在挪。我渐渐想通了，日子太长，挪不是办法，继续下去会给大家带来更大的痛苦。在吴和平的协调下，大牛和晓翠心平气和到法院办了离婚手续。

令吴和平感到欣慰的是，晓翠离婚后，赵叔老两口不吵了，也不埋怨女儿了，晓翠自己也能面对现实了。

3　不管妻儿只挣钱

三婆一直把吴和平当成最可信的人，退一步说，就是吴和平不回城，不当社区警察，她也会时不时把吴和平拉叫到家里，喝杯茶，聊聊她的心事。

吴和平很早就知道，三婆的老伴走得早，两个儿子大成和小成都是她一手拉扯大的。大成的媳妇春芬所在的企业早些年破产了，一家三口就指望在乡下教书的大成的那点工资。三婆看大成家的日子紧巴，趁学校放暑假，叫大成回家住。三婆住在小成给她买的一个高档住宅区里，房子很宽，她便让大成一家住在有空调的套间里，还悄悄塞给春芬6000块钱。

没想到第二天大成一家正午休时，听到了小成的声音。小成在武汉做生意，带着他的女朋友回来了。大成高兴地正想出去见弟弟，却听到小成发脾气：这幢楼是我买的，豪华套间应留给我住，是我和女朋友享受爱情的地方。三婆生气地说：楼是你买的不假，可你们还没结婚，妈妈当家让你大哥大嫂住。小成毫不让步地说：这年头谁有钱谁是老大，读大学吃父母，成家立业了还指望老人，算什么能耐？

这话毫无疑问是说给大成听的，分明是想把大成一家赶走。大成自尊心很强，脸早涨成了猪肝色，弟弟的话就像刀子扎在他的心上。他大声对春芬说：还犹豫什么，收拾东西走呗。

回到他们自己窄小的家里，大成晚饭也不想吃，抽了一夜闷烟。春芬劝他说：你别放在心里，兄弟间闹点矛盾是常有的事。大成瓮声瓮气地说：我咽不下这口气，说什么我也得赚钱。第二天大成就办了停薪留职手续，决心要挣大钱，超过弟弟小成。

大成和春芬一向相亲相爱，从没红过脸，大成临走那晚春芬哭到深夜。

大成独闯深圳后，经常给家里打电话，虽然人在千里之外，但他的声音、身影和他的气息，依然让春芬感觉平安充实。她一边带孩子，一边在一家电脑公司做临工，日子虽孤独，但心里很踏实。

分别一年后大成回家了。春芬自然很高兴，大成却心事重重地说：外面的钱真不好挣，搞推销没搞出名堂，被老板当众羞辱，一气之下我炒了老板鱿鱼，还赌气说：我就不服这口气，读了一肚子书跑市场不行，卖苦力总行吧。孝感10

万人在东北打工，不少人发了，他们不都是拿青春当资本拼吗？我不信拼不出个人样来。春芬说不过他，也拦不住他，只能泪汪汪地看着回家只住了两天的大成消失在夜幕中……

以上情况，三婆给吴和平聊了许多回。吴和平听了，觉得辞职打工的人很多，兄弟之间闹闹气也很正常，也没怎么往心里放。可他没想到的是，大成一根筋，出门挣钱就完全不管老婆了，如果二人继续疏远下去，他们的感情迟早会出问题。

三婆继续说，大成到东北后便豁出去挣钱，连续两年不回家。大前年春节到了，在外打工的人纷纷回家过年，腊月二十六，大成却让同乡捎回一封信，告诉春芬临近春节好挣钱，来年十一再回家。儿媳苦等到来年国庆节，大成又来电话说，往返一趟得花几千元，干脆过年回家吧，等到过年，仍不见他的人影。开春后，儿媳就跟着打工的人找去了，可是大成总是忙，忙得顾不上春芬，春芬空住了几天就回来了。

又过了一年，等到大年三十，大成突然从哈尔滨打回电话，说寄回 20 万元，但人回不来，说揽了一个装修工程，想利用春节拉拉关系，等明年再回家。春芬在电话里发火道：你不想这个家，干脆再别回家了。

大成也生气了，说：我在外面勤扒苦做，你一点也不理解，儿女情长没出息。

电话中大成和春芬争吵越来越频繁。不久，大成又给家里寄回 15 万。他在电话中高兴地嘱咐春芬说：把钱存好，我再拼几年就去小成那个高档小区买楼房。儿媳一听头就大了，按大成的计划拼下去，他们夫妻何时才能团聚啊！

此后，大成寄回的钱渐渐更多了。但儿媳接到钱心里不再喜悦，还有一种隐隐的恨，恨大成太固执，自己的日子越来越孤独，经常焦躁不安，有时一个人深夜起来看电视，或者不停地打开屋里的抽屉，在屋里走动，自言自语，东摸摸西摸摸，折腾到天明，后来还发展到不吃安眠药就无法入睡。

去年中秋节的前一天，孙子不知从哪儿听说他爸爸要回家，放学后和几个小朋友一起偷偷跑到火车站去接。结果他没有接到爸爸，却淋了一场大雨，深夜发起高烧来。家里的退热药不管用，凌晨时，孙子烧得快要昏迷了，可室外雷鸣电闪、暴雨倾盆。春芬无奈中拨了120，谁知救护车开到胡同口，轮子陷入下水道不能动了，司机没法子，叫我们自己想法送孩子去医院。我和春芬毫无办法，只好去求邻居。不知是雷雨掩盖了喊声，还是深夜敲门，人家把我们当成了疯子，敲了半天也没人开门。

为难中，春芬突然想起在附近开商店的小学同学大明。我家放着他商店售后服务的名片。当着我的面，春芬流着泪给他打电话：大明，我是春芬，我儿子病得很重，你能不能过不帮我一下？

只几分钟大明就跑到我家。他二话没说，抱起昏迷的孩子，裹上雨衣就冲进雨中。等我们赶到医院急救中心时，为孙子输液的医生说，如果等天亮再送来，可能烧成肺炎了……

三婆叹了口气，接着说：大成为挣钱走火入魔了，成了一台挣钱机器。他满脑子里除了拼命挣钱什么也没有，他的感情一片空白，快成了木疙瘩。她媳妇长期在寂寞中，如狼似虎的年龄，我怕她守不住的，要是那样就毁了这个家。这事我跟谁都说不出口，看看你有什么办法？

吴和平说：您既然相信我，我就大胆问一句话。您能不能确定大成和春芬心里都没有别人？大成回家少纯粹是因为受了小成的羞辱，为了挣钱走火入魔？

三婆肯定地说：做妈的最了解儿子，也了解春芬。去年大成回家时，他在他们的房间拾到一根毛发后反复看。分离太久的夫妇容易生疑，我当即打了大成一巴掌，把他打笑了。他们夫妇都是本分人，心里绝对都没有外人。

吴和平分析说：长期下去家不家、户不户，感情很容易分离，到那时救就晚了。

三婆急了，连忙说：和平，你有什么主意快说，我听你的。

吴和平想了想说：您老人家愿不愿再吃一阵子苦？

三婆说：哎哟，他们的日子不过好，我就一天不安神，什么苦我都愿意吃。

吴和平于是建议说：现如今到处都是留守老人和孩子。你孙子已经上四年级了，可以暂时离开他妈妈一些日子，由您来照料孩子。您再让春芬打扮一下，坐飞机去东北，突然出现在大成面前，然后让她留在大成身边当助手。

如果动真格的，三婆又有些犹豫，如果春芬走了，她要照料自己还要管孙子，这是一个不小的坎。

见三婆不接话，吴和平接着说：我只是建议，孙子渐渐长大了，寒暑假您可以带孩子一起去东北嘛，大家都走一走，跑一跑，心情舒畅了，疙疙瘩瘩的事自然也少了。

三婆终于爽快地说：和平，我听你的，每次跟你聊聊心里就亮堂很多！大成再怎么一根筋，也得有家有爱，我跟春芬商量，她会乐意的。

果然，一个看上去小小的充满人性关怀的建议，让大成夫妇过上了幸福正常的日子，也让忧心忡忡的三婆眉开眼笑起来。

4 宠大的儿子不争气

很少出门的吕成如今坐在轮椅上，日复一日地望着街头行人，他最希望又最怕看到两个人：一个是他的朋友——片警吴和平，一个是他不争气的儿子松松。想见吴和平，是想拜托他管好自己的儿子；想见儿子，是怕从戒毒所出来的儿子又复吸。所以，每次看到吴和平路过，他就急切地喊：吴警官！吴警官！

吴和平时间充裕，就与他聊聊，陪他抽支烟、喝杯水，如果实在太忙，就走近跟他说一句话：放心吧，松松最近很好。

吕成是孝感老城区长大的，与吴和平是同龄人，彼此很早就认识。吕成夫妇曾有一段风光经历。大略 15 年前，吴和平就知道，吕成在杭州做布匹生意很火红，挣了不少钱。他回孝感过年时看到吴和平，总是很客气地拉到在家里喝茶。后来，吕成动员他妻子小梅去杭州给他做帮手，13 岁儿子松松留在孝感读书，吃住在学校。

接下来多年，便没了吕成一家人的消息，直到松松出事被抓，吴和平参与审理案子，才惊讶地发现被父母宠坏的松松变到了什么程度。不久后，又见到消失多年、已坐在了轮椅上的吕成。于是吕成家的故事前后连到了一起。因为吴和平的孩子和吕成的孩子岁数相近，引起吴和平对孩子教育的深刻反思。同时吕成夫妇宠坏孩子的经历，成了吴和平社区治安课的案例。

吕成的妻子小梅去杭州之前，就在学校旁边租了房子，并把婆婆请来专门照料松松，一把鼻涕一把泪嘱咐了很多。后来，她人到了杭州，心还留在儿子身上。

一天夜里，她接到松松的电话说：妈妈，我看中一双品牌运动鞋，可奶奶说家里已经有九双，硬是不让买，不给钱不说，还当着同学的面吼我。小梅一听泪水快掉下来，说：儿子，你看中了就买，奶奶不给钱，妈妈另给你寄，寄到你们学校。爸妈拼命挣钱就是为了你，只要你好好读书，妈妈什么都依着你。次日大早小梅去邮局，给儿子寄去了2000元。以后月月都寄，好像寄得越多她就越放心，越觉得尽到了妈妈的责任。

吕成知道后提醒她说，长此下去，会把儿子惯坏的。小梅说：这能怪谁，你妈把我们寄给儿子的钱都克扣了，儿子爱打篮球，大了爱打扮，你妈也太狠心了。小梅来气了什么都敢说：我们赚那么多钱不用在儿子身上，留着带进棺材？你要是烦，我就回孝感和儿子过。一气之下，她还真从杭州回到了孝感老家。

一到家，儿子喊了一声妈妈，就扑到小梅怀里哭。小梅心里一阵阵颤抖，但也不想得罪婆婆，岂料，婆婆这时却在一旁唠叨开了：学校的饭不好吃，家里的吃不进。衣来伸手，饭来张口，一个月的零花钱上千，这样下去怎么得了！

婆婆一开口就告儿子的状，小梅的气腾地上来了，说：不就是瞒着你给松松寄了几个钱，有想法直说，不要一进门就拿我的儿子出气。如今时代变了，再不是萝卜白菜喂饱就行的年代了。松松是我身上掉下的肉，我不爱谁爱。婆婆气得身子一晃一晃地说：老娘用萝卜白菜喂大的，个个立得起竖得直，不怕困难顶天立地，你的“肉”老娘管不起还躲不起？当即，婆婆收拾好衣服就走了。

婆婆被气走了，小梅毫无顾忌地对儿子说：妈妈千里迢迢回来，就是来给你补偿的。你说要什么，妈妈全满足。松松想了想，勾着妈妈的脖子拐着弯说：奶奶不管我了，我只能吃住在学校。可是一想到妈妈那么远，说话多不方便呀。小梅明白儿子的意思，说：妈妈在学校旁边的银行开个户，你想用钱自己取；妈妈再给你买部手机，想妈妈时你就打电话。松松激动得跳了起来。

松松上高中那阵子，吕成的生意特别好，他组建了自己的印染公司。小梅整天跟着他购布匹，跑设计，谈合同，一年多下来挣了几百万，在杭州林园小区买了别墅，换了豪车。儿子知道他们赚了大钱，胆子更大了。高二那个暑假领着两个同学到杭州玩了20多天。开学返校时小梅毫不犹豫地给了他八千，叫他们直飞武汉天河机场，下机包的士回家。

那年冬天，小梅回孝感后住在娘家，晚上冷得翻来覆去睡不着，便把母亲推醒，说：学校宿舍肯定更冷，我想给您家里装一部空调，让松松回来住。母亲揉着眼睛，犹豫了好一阵子才说：人家的孩子能过，松松也能过。再说，从学校到这里往返10多公里，松松怎么跑？小梅说：包一部出租车不就行了，我和吕成就这么一个儿子，挣钱也是为了他，只要他争气这个钱花得值。

没等母亲完全同意，小梅就买回大空调，包租了一部的士，把儿子接到了母亲家。办完这一切，小梅心情舒畅地回到了杭州。不料松松在母亲家住了半年，麻烦事又来了。先是母亲在电话中叫苦，说松松不听话，整天泡网吧；不久小梅的弟弟打电话说，松松脆弱得像豆芽，一句重话都说不得。

吕成想到快要高考了，关键时候不能闪失，叫小梅回孝感看看。她先见到了弟弟。一说到松松，弟弟的脸就绷紧了：这孩子太任性，摸不得说不得，我想看新闻联播，他霸着频道不让调；他觉得好吃的，别人不能伸筷。大前天午饭后，妈叫他帮忙收拾碗筷，他没送到厨房就摔了两个，我说了他两句，他干脆把手里的碗全摔到地上，还说，一幢楼房都赔得起，几个破碗算什么。我打了他一巴掌，他跑回学校，怎么也接不回。

小梅埋怨弟弟说：松松长这么大姐姐从来没舍得弹他一指，他毕竟还是个孩子，再错你也不该动手啊。弟弟直通通地说：姐，说句实话，这孩子再不修枝，将来要吃你们的肉，喝你们的血。

小梅怎么也受不了这句话，与弟弟吵了起来。随后，她压抑着心里的苦涩，委婉地劝儿子：学习成绩可不能下降啊！我和你爸指望着你上大学呢。

松松嘴巴一撅说：你们全给我加压，今天这个说要努力，明天那个说要上大学，大学是那么容易考的？说完他便把自己关在房里，怎么喊也不开门。次日到上学的时间还不见动静。小梅急得直跺脚，可一想到他受的那些委屈，心里又生出疼爱，缴械说：好儿子，妈妈也只是个初中生，恋爱时眼睛睁亮点，找了你有本事的爸爸，不是照样当老板太太。爸妈有的是钱，留根“指头”也够你幸福一辈子！

高考结果出来了，松松的分数离三本差一截子，只能读专科。吕成一听眼睛都气绿了，逼着问小梅：你不是说他的成绩好吗？你不是说他很努力吗？吕成气呼呼地出了门，几天后对小梅说，他在上海找到了一所大学的自费生名额，让松松去学经营管理。小梅想到上海举目无亲，便请了保姆在大学旁租房子照料儿子。

松松上大二那年，因印染技术落后，与吕成长期合作的代理商开着卡车到公司退货，六家联起手来与吕成他们公司打官司。吕成跑了一年法院，业务停摆，支付完巨额赔偿后，公司只剩下固定资产。命运之神继续把他们家向谷底推去，就在儿子实习结束时，吕成在去接儿子回家的路上不幸出了车祸。在急诊室抢救一夜，命保住了，可从此不能走路了。

小梅只有揪住儿子这根“绳子”，无论他能不能承受，都指望他面对现实，苦苦求儿子说：你爸大小便不干净，我白天离不开他，搞企业少不了银行，要学着跟他们打交道。松松看躲不过就提条件说：要我去可以，打电话联系好，车子准备好，路线图画好。小梅全依他。

没想到，他下午一进屋，就跑进自己房里像死了爹妈一样大哭，边哭边诉：我从没求过人的，你非要逼我去。好不容易找到那个姓周的行长，气死我了，他明知我是吕成的儿子却不搭不理，继续拖他的地板。我躲闪不及，崭新的皮鞋全溅脏了！那个信贷科的人知道我爸出事后，把我冷在那里，连话都懒得跟我多说一句。你还说关系好，全是骗我的，叫我去丢人。

小梅心里如火烧一般，但努力地克制着说：松松，你再也不能等着人家送到你手里，喂到你嘴里了。你读了那么多书，怎么没想到喊一声叔叔接过拖把；怎么不会说我家还有百万产业，还有一颗顽强跳动的心？你读了大学，这点常识都不懂？

儿子回答她的仍然是哭，把她哭火了，便道：你只知道哭，枉你读了十几年的书，该顶的天不能顶，你太让我失望了。

松松这才抬起头来，用陌生的眼神看着妈妈说：你不是说留一个指头够我幸福一辈子吗？

听到这话，一股凉气从小梅的脚底“爬”到头顶，她的身子眩晕得似乎要栽倒。她终于清醒过来，过去太爱儿子，爱得什么都不顾，什么也不想了。现在再拐弯多难啊！小梅只好把最后一点生意委托给朋友，推着轮椅上的丈夫回到了孝感。

更让他们夫妇揪心的是，家里的生活已陷入困境，松松仍大手大脚，不务正业，成天跟几个痞子搅在一起，经常夜不归宿，还染上了毒品，三十出头家不家、业不业……

吴和平处理完这起案子后感到：如果不帮松松走上正道，让他自食其力，好好做人，吕成夫妇至少要怄得少活10年，这太让人心疼了。好在，发现早，松松对毒品依赖性不是特别大，而且是他主动要求去武汉戒毒所隔离一段时间的。吴和平送他去的路上，松松一路流泪，感觉对不起父母，发誓天塌地陷也要远离毒品。松松出来后，吴和平在小区物业帮他找了一份工作，对往日缠着他的几个混混进行了严肃处理，不准他们靠近松松。并且，有事没事他就去瞅松松一眼，叮嘱几句，让松松总感觉有几分压力，不学好、不走正路不行。

如今松松表现正常，正在恋爱，准备成家……

5 儿子考走就离婚

吴和平在西门菜市场巡逻时，常常多走几步去看看长期不回家、住在低矮潮湿菜棚里卖菜的郑强。老郑年近五十，口音像孝昌人，据他自己说，儿子亮亮特别聪明，妻子英莲在一外企做会计。吴和平相信他的话，但对他长期不回家、住这样简陋的菜棚、并且自己开火过日子不理解，也不放心。

所以每次到菜市场巡逻时，无论春夏秋冬，吴和平总要对着菜棚喊几声：老郑，老郑。

喊多了，渐渐喊出信任和感情，老郑把他当朋友掏出了心窝子。

原来老郑和他的老婆英莲是一对长期不合的冤家，从儿子上小学就开始打闹，煎熬中，彼此只为了一个目标：儿子考上大学就分道扬镳。

1985 年结婚后不久英莲就后悔了：原因是郑强嗜酒如命，逢酒必喝，逢喝必醉，因醉酒与工友打架被工厂开除，失去职业后脾气更加暴躁，每次夫妻发生争吵他毫不让步，还把妻子往死里打。英莲后悔看错了人，常想到离婚，只因不忍伤害聪明可爱的儿子亮亮，才含泪把苦水往肚子里咽，凑合着往前过日子。

亮亮 6 岁那年夏天，郑强回乡下看母亲，在稻田沟里捉了一串小鱼儿，第二天回家时鱼儿都变味了。正在厨房里洗东西的英莲闻到异味不高兴了，说：闻着就恶心，快拿出去扔掉。郑强却说：这你就不懂了，这东西用油一炸，下酒特别有味。英莲说：你实在想下酒我给你买新鲜的。趁丈夫不注意，她把臭鱼提到楼下扔到了垃圾箱里。郑强发现了，他认为妻子这样做是和他过不去，就下楼去掏垃圾箱，把臭鱼儿又捡回了。

英莲堵着门口说：你要是想进家门，就别拿臭鱼儿进来。身强力壮的郑强根本不把娇小的妻子当回事，只轻轻一推，人和臭鱼儿都进了厨房。把鱼炸好后，他一边吃一边喝酒。英莲气得含泪说：我好不容易才把屋里清洗干净，这会儿又被你弄脏了！好吃的东西多的是，为什么你非要吃又臭又脏的东西不可呢？郑强顿时发疯，扑上去抽了妻子两记耳光，怒气冲冲地说：既然嫌我脏，嫌我是乡下人，为什么要嫁给我？看不惯？那你滚呀！英莲绝望得呼天喊地：我不活了，我瞎了眼，怎么会嫁给你这种粗鲁的人，我要离婚！

看着妻子头上碰出血了，郑强并不心软，居然还火上浇油：吵架就说离婚，离就离呗，谁在乎谁呀！说完摔门而出，又喝酒去了。

英莲拿着离婚诉状去了法院，哭哭啼啼地对法官说：他脾气一上来就把我往死里打，不是磨合就能把日子过下去的，更不是忍让就能挽救婚姻的。说着，她把身上紫一块青一块的疤痕亮给法官看。

郑强见妻子动真格要离婚，一下子慌了神，马上动员亲朋好友上门做她的工作。英莲仍然坚持要离，躺在床上不吃不喝。上二年级的亮亮站在妈妈的床边喊：我饿，我下午还要上学！英莲狠着心说：找你爸去！当天晚上，英莲看到儿子很晚了还没回来，找遍全城才在一家饭馆门前看见儿子眼巴巴地瞅着人家吃饭。她心都碎了，抱着儿子大哭。

郑强看到妻子强烈要求离婚，又实在放不下儿子，便试着对她说：我们能不能忍一忍，忍到亮亮考上大学再离婚？英莲盯着丈夫问：你说话可算数？郑强信誓旦旦：如果我失信，就五雷轰顶，不得好死。

随后郑强找来纸和笔，写道：

> 为了给亮亮一个完整的家、一个幸福的童年，我们暂时维持夫妻关系，不在孩子面前吵架，不要求对方做不愿做的事情，再苦再难，熬到孩子上大学再离婚。

英莲在上面签了字，有了这个字据，冲出婚姻牢笼便有了盼头。

儿子亮亮刚考上初中时，英莲被一家外企聘去当会计，郑强则到菜市场批发蔬菜。这样一来，妻子在宁静的写字楼上班，丈夫在繁杂的菜市场忙碌。环境和收入的反差，使这对原本就没有打算过一辈子的夫妻更加难以相互适应，双方的摩擦和矛盾也就更多了……

吴和平听完老郑的经历后，对他说：我看你不喝酒时，脑子清晰，办事有条理，你就把酒戒掉吧，妻子会原谅你的过去的。你这样一个人孤孤单单，窝窝囊囊，不是个事。

老郑说：我是个贱人，下了一百回决心，见到酒就忍不住，就出洋相，就失控。英莲爱讲究爱干净，下班回到家一见到我脱在墙角沾满动物血迹的脏衣服就气不打一处来，要我找个地方把人和衣服都洗一洗，再进这个家门。我说，我们还没散伙，这是我的家，洗也该回家洗。英莲不相让，说真想维持这个家的话，你就该考虑家人的感受，你把市场的气味都带回来让家人难受，还有脸说“家”？我真想发作，就在这时儿子放学回来了。我接过儿子的书包，从身上摸出一瓶饮料递给儿子，我俩亲热得不行。听说儿子考了满分，英莲也把刚才的不快抛到了九霄云外，高兴得一蹦一蹦地给儿子煮鸡蛋……

吴和平感叹说：你们边爱孩子，边水火不容，一对奇特的夫妇。不过你是男人，应该学会哄妻子，依着妻子。你知道她爱干净，再累也把自己洗得干净再进门，有什么难的？

我窝囊习惯了！老郑沿着他的思路说：英莲见我一个人慢悠悠喝酒就心烦，听到我咯吱咯吱地嚼菜就更烦，不等我吃完就开始收拾碗筷。我一把夺过菜碗，重重地放在桌子上说，你什么都看不惯，可有一点改变不了，儿子是我们一起生的，和我一脉相承，他就是考上了大学，这个关系也改变不了，这个家也有我一份。

英莲毫不让步说：你和儿子的关系是改变不了，但我和你的关系可以改变。你的一份你拿走，时候一到，咱们河水不犯井水，你走你的阳关道，我过我的独木桥。暴雨即将来临时，儿子抱着球进屋了，我们两个火球瞬间平静下来……

吴和平对这对心灵格格不入，又同守一个目标的夫妇的经历感到震惊。他劝了许多次，想把老郑的毛病劝掉，想把他们夫妇劝到一起，可都没有效果，剩下的，只有默默地担心和关心老郑的生活。

又到了冬天，吴和平发现老郑回家更少了，而且抽烟喝酒更厉害了，他的身体每况愈下，一问才知道，老郑还是半年前放暑假回过家。那次回家，儿子到乡下奶奶家避暑去了，他借酒壮胆去撕妻子的衣服。英莲又气又恨，又咬又抓，拒绝跟他好，把他的手腕咬破了，没有让老郑得逞……

2007 年 7 月 20 日，他们夫妻追求的目标终于实现了，亮亮以 624 的高分考上了上海交大。老郑菜也不卖了，跑回家捧着儿子精美的录取通知书，高兴得流下了热泪。英莲抖擞起精神，发请柬宴请亲朋好友，把他们夫妻俩最后的事办得喜气洋洋、顺顺当当。把儿子送走后，英莲给老郑做了一桌子菜，亲自给他斟酒。老郑知道这顿饭意味着什么，端起酒杯时身子颤抖不已。

英莲平静地说：我们的任务完成了，夫妻一场虽说没感情但还有交情。希望你说话算数！

酒堵在老郑嗓子眼咽不下去，苦涩涩的，火辣辣的，浑浊的泪水“哗哗”地流了下来，老郑悲怆地说：我窝囊，配不上你。我给你这一生带来太多的痛苦，如今到了分道扬镳的时刻，我也不抱什么幻想，更不想拽着不让你走。我只是想，我们的儿子读那么好的学校，我们再怎么平静离婚也还是会伤他的心，会分散他的精力。看在孩子的分上，我再求你一回，等到儿子大学毕业了，再离婚好不好？

经过了 10 多年的等待，如今等到岸边了，对方却突然提出推后，英莲自然不愿意。她说：儿子大了，什么都懂，我不想再拖了。还是那句话，你说话要算数。她的口气硬得没半点儿回旋余地。

老郑仍不甘心，拐着弯儿恳求：你不愿再见我，以后儿子不回家我也不回家，你爱怎么着就怎么着，我既不干涉也不过问，我们依然只图形式，这还不行吗？

英莲难过得哭了：青春熬过了，头发熬白了，我只求有个解脱，实在不能协议离婚，我就上法院起诉。

见这样妥协妻子都不肯，老郑唯有放弃。他连忙改口说：不去法院，我同意离。英莲不相信老郑会这么爽快，可是第二天她果然接到街道办事处的电话，说老郑在等她去签字离婚。那一刻她反倒不安起来：丈夫没问题了，她又怕儿子不理解、不支持，还怕影响儿子的学习。犹豫中，离婚的事又往后推了半年多。这些日子老郑完全不管妻子，英莲也不过问丈夫，两人感觉已经离了，心里既没有牵挂，反倒没什么压力……

他们夫妻守候的目标实现了，可是老郑在孩子走后的那个冬天病倒在了菜棚里。吴和平巡逻时听到菜棚里的呻吟声，推进门一看，老郑蓬头垢面、病恹恹地蜷缩在被窝里，烛光照着他苍白的脸，一副要断气的样子。吴和平摸他头滚烫，人软得像面条。吴和平连忙喊来出租车，边把老郑往孝感中心医院送，边询问英莲的电话。

老郑挣扎着说："我和她的感情已到了这一步，还通知她干什么，再说我也没脸再见她。"

吴和平说："你病得这么重，身边不能没有人。再怎么说，你们夫妇一起生活 20 多年，共同养了一个聪明的儿子，快五十的人了，什么结解不开。我跟我老婆也经常吵，她搞赢了，我还主动理她。这样吧，你把她的电话告诉我，我来探下她的口气。”

老郑犹豫说：“还是算了，身体好时没有找她，现在病成这样子，她更看不起我。”

“儿子都快成才了，还说什么看不起。”吴和平打断他的话说，“你把号码给我，又不是你打电话，丢人的是我。”

老郑这才交出号码。

为了给英莲留下空间，也为了给下一步继续做工作留下余地，吴和平先给她发了一个短信：

> 他不是好丈夫。但他为了儿子勤扒苦做，异常节俭，没穿过一件好衣，没吃过一顿好饭，总是吃便宜菜、喝劣质酒，抽低等烟，常常累得一身臭汗回家。他如今躺在市中心医院生死不明，还让我帮他给读上海交大的儿子汇生活费。

英莲很快回电话了。吴和平如实说了自己的身份和看到的情况，然后对英莲说：“我无意干涉你们的感情，但我要说一句，你们心气一致培养了一个上名牌大学的儿子，就是你们人生最大的成功。多少幸福夫妇因培养孩子失误，相互指责，导致感情破裂。老郑现在骨瘦如柴，连迈步的力气都没有，高烧得快要昏迷……”

吴警官！英莲在电话那端喊了一声，哭得语不成句地说，您别说了，我立即赶到医院。

英莲赶到医院，向吴和平道了声谢，看到老郑已进入昏迷状态，她什么也不顾了，抱着丈夫大哭起来……

第六章

不分里外，该管不该管全管

昏迷第751天。孝感第一人民医院304病房。

隔三岔五到病房看望的张纪容、林水芳，张秀敏婆婆，看到吴和平总是一副毫无反应的样子，张纪容婆婆终于忍不住了，大声呼喊吴和平道："老这样躺着不行啊，你再怎么累已躺了两三年，猫儿狗儿也到了脱毛换羽的季节，你睡过头了，该醒了，我们还有事要你帮忙，还有话要跟你说。"见他没有一点反应，这些婆婆们的泪水哗哗流了出来，张纪容婆婆边哭边数："这么多来年来，无论春夏秋冬还是刮风下雨，无论是平时或节假日，无论社会如何变化，你总是亲亲热热地走在大街小巷。我们看到你的身影，心里就踏实了。老城的小胡同都变了，可是老地名你全能叫出来，老居民你全都认识；大家都亲切喊你和平，喊你吴警官，什么困难都愿找你，什么话都愿跟你说，里里外外、大小事你都管，老老少少你都亲热得不得了，你明知大家舍不得你，却想就这样悄悄地走！"

王旭峰这天的状态也不好，染过的头发又全白了，萎缩的牙床又有两颗松动了，更要命的是，心脏那个"血管有点问题"的部位，在长期缺营养、缺睡眠，无休无止的操劳和焦虑中开始恶化，心慌、出虚汗，连上四层楼都要停下来喘气。以前能跟吴和平“叨唠”半天，现在贴着他的耳根多说几句，伸腰都费力。一对儿女看到妈妈的身体越来越差，隔几天便到医院替妈妈给爸爸翻身擦洗、喂流食，理清卫生。王旭峰就可以借这个机会睡一会，或到医院外面的花坛转转，精神好一点就对两个孩子说：“等你爸醒来，妈再去做一次支架手术，兴许能多伺候你爸几年。”

不灭的梦想继续支撑着她，同时她又不间断地传递给到医院看望丈夫的人。

面对几位婆婆悲伤的哭诉，熬干了秋水的王旭峰依旧用老话安慰她们说：“您老别难过，吴和平的眼睛还能眨，他的心脏还在跳动，还能吃我喂的流食，他还活着，他一定会醒来的。”

几位婆婆不哭了，却都用疑惑的目光瞅着精疲力竭的王旭峰，张纪容婆婆不满地说：“我们每次来，你都说这样的话，耳朵都听出茧来了，不想再听到这样的话。”

林水芳婆婆说：“日子过去这么久了，和平还没有醒。你太苦了，如果不嫌我身子骨老，我就来替你几天好不好？”

王旭峰说：“我跟和平在心里对话，别人无法代替，谢谢您老，我死也守到底！”

1 何为“有所为”

2010年清明节，吴和平带着一家人回到云梦沙河吴家坳给父亲上坟，烧纸叩头后，他习惯性地坐在坟边，又在心里跟父亲说话：

父亲，儿铭记着您的嘱咐，谦逊低调、与人为善；既无求田问舍之经营，也少觥筹交错之纷扰，恪尽职守、解难分忧，受到众人喜爱，年年获奖励。儿没有辜负您的希望。

父亲，儿不敢忘您的遗言。虽旭峰下岗，生活窘迫，日子清贫，但我们省吃俭用攒钱，带您孙女去武汉做激光治疗，一个疗程8次，可您孙女痛苦难当，效果并不好，只做了三次，您的孙女无论如何不愿继续。儿痛苦不堪，愁肠百结。好在分局领导开恩，给您孙女安排了一份工作，倍感慰藉，充满感激。

父亲，儿心里藏着一个“小九九”（方言，小秘密之意），想好好干，干到六旬退休时肩上增加一个花花，升为二级警督，享受副科级待遇。儿对仕途从来无奢望。同学好友中，三十年前就有人升到科处职，我用四十年功夫走完他们七八年或两三年就走到的“路程”，再谈副科级，人家会窃笑，说到底只是工资多了一点。您的孙儿孙女还没完婚啊！

父亲，儿即使退下来，也放不下工作，放不下那些老街坊。所里有口气（方言，有意愿，提过某事之意），退下来后可能被返聘继续工作。我的性格慢半拍，但工作时间更长一些。和居民一起等于和快乐在一起。

……

烧纸磕头，祭拜过后，吴和平带着家人依然到同父异母的姐姐吴静珍家吃午饭。

每次到姐姐家，吴和平总是百感交集，当年祖父吴得志为养活捡来的父亲，疏忽了对三个姑妈的爱，不仅让大姑妈、二姑妈放弃了学业，还险些把小姑妈送人。祖父在极度困难中把三个姑妈养大，之后她们都嫁到了云梦沙河。吴和平从记事起，每年跟着父亲到云梦给三位姑妈拜年，如今他又带着一家人到云梦给吴家列祖上坟。

云梦沙河吴家坳，是吴和平梦中的祖籍。

姑妈家，是他一家落脚的地方。

年过古稀的老姐姐吴静珍，几十年顶天立地、当家创业。把她的这个家经营得风生水起，一片火红，而且她们的下一代——吴和平的表亲们个个有出息。晚年生活在这个幸福的家里的二姑妈，已到了 93 岁，仍然思绪清晰，办事明白，竟能坐在饭桌旁，与家人一起进餐。

为深入了解吴和平的人生经历，笔者一直想采访吴和平的老姐姐吴静珍，可是不巧，每次到医院都与她擦肩而过。2015 年清明节前两天，云雾朦胧，细雨纷飞，王旭峰让女儿替她照料吴和平，陪同笔者去云梦沙河“两代姑妈”的家，去拜访她的老姐姐吴静珍。

一路上，看到交通四通八达，笔者又被那个老问题缠上了：当年到底是什么样的人家把吴和平的父亲抛弃了？这也太怪了，再穷再苦的人家，卖儿鬻女也得留下个地址姓名吧，为什么一点痕迹都没有？一切时过境迁，八九年前的往事早被岁月的尘埃深深湮没，根本不可能找到任何答案。快要见到吴静珍了，笔者又想到，按吴和平的岁数推算，他的这位老姐姐该是六十八九岁。农村老太太到了这个年龄，大多是暮景桑榆，白发婆娑，耳聋眼花。然而，见面后他大吃一惊，这老姐姐竟看不出多少老态，倒像城里的一位退休女老师，精明能干、口齿清晰，十分热情。看她高大壮实的身板，笔者顿时想起王旭峰在车上说的：“吴和平和他姐姐长得相似，都是大个。”

但是，他们姐弟的性格显然有较大区别，吴和平总是“慢半拍”，而老姐姐吴静珍干脆利索、性格直爽，说话一点不含糊。她自信地说：“高中毕业后我在大队搞文艺宣传，做过主持，当过优秀团员。文艺养人，加上性子直不会愁，所以不怎么显老。”

话题转入往事，口才很好的吴静珍快人快语：“我不怨我的父亲把我送给二姑妈，我妈死时我才三岁，对她没有多少记忆。二姑妈对我比亲娘还亲，我5岁多点到沙河，就改口喊妈。在这个世上吴和平是我唯一的弟弟，自然走得亲。他小时候常到我们村来掏鸟窝、钓鱼、游泳，和几个伙伴混得很铁，开学前两天我就骑车送他回新华街。说实话，和平弟弟没有我精明，他太忠厚太老实，做事特别认真，总是为人家着想，怕人家吃亏。比如画一个鸡蛋吧，人家一秒钟画完了；而他，总想把鸡蛋画圆，能圆吗？鸡蛋本来就不是圆的。一个普通警察，没有衔没有职，不能调动人，又没多少资源，办事靠什么？只有靠自己的两条腿，靠辛苦，要毅力，加上长期爱管闲事，不累倒才怪哩。”

每次回吴家坳上坟，二姑妈和姐姐都提醒吴和平：高血压有遗传，父亲可能就是得这种病死的，绝不能马虎。吴和平却当耳边风，从不当回事。

这回上完坟后，王旭峰先行一步去了姐姐家，向老姐姐诉了吴和平的苦。老姐姐听着一直没吭气，正吃饭时，听到吴和平的手机响了，一听就是社区的鸡毛小事。老姐姐终于找到机会了，当着二姑妈和他们一家人的面，喊着和平说：“老姐姐跟你说句话。正宗吴氏家族的寿命都是八十多，你看我们的二姑妈都 93 了，蚕豆咬得嘣嘣响，身体多好哇！我们搭靠吴家，父亲不知祖籍何方，所以只活到 59 岁就走了，这等于告诉我们，父亲传下来的血脉，要特别注意身体。”

想到妻子儿女在场，吴和平有点听不进，他控制着情绪说：“我知道了姐姐，你别说了。”

“你知道还不注意掌握度。”老姐姐继续说：“度，就是恰如其分，属于自己的事要干好，要尽责，要对得起国家的工资；但社区人员复杂，问题多，麻烦多，不属自己的事，想做也做不完。我回新华街撞到一百回，旭峰每次跟你吵，十有八九是因为你管闲事多，管得太宽，甚至宽得离谱。该你管的你管，不该你管的你也管，手里端着饭忽听人喊，张婆婆孙子打伤了人，你放下碗筷就往外跑；深更半夜，听说拐子张家的电路断线了，外面一喊，你也跑过去；冬天看到街头的疯子傻子穿少了，你非要送件衣服去……天下人多如蚂蚁，你管得过来呀？人不是机器，你以前对姐姐说，你是共产党，是特殊材料做成的，这句话——老共产党员们说出来感觉特别亲切，也很自然，我听着也入耳，是啊，过去带头牺牲的，带头奉献的都是共产党员。现在不同了，不少共产党员带头谋私、搞群众的鬼，侵犯群众的利益，再说这样的话，人家听到了好笑，说你苕，毕竟你已五十大几了，大早出门，深夜落屋，中午不休息，就是台机器也受不住。再说了，你也没有带什么长（方言，官衔之意），有些事闭着眼就过去了，闭眼多了，找你办事的人自然就少了。报纸上说，有所不为才有所为。”

姐姐突然对自己说这么多，吴和平顿时想到一定是王旭峰告了他的黑状。吴和平从小到大听姐姐的话，从不与姐姐发生争执。面对如此细致的嘱咐，他只好敞开心扉对姐姐说："我们做警察的，没有哪个警种是舒服的，有的岗位很危险，全国每年都有三四百名警察壮烈牺牲，相比之下，我做社区民警只是没规律，随意性强，与群众打交道多，零碎事多一点，劳累多一点，远没有刑警、特警那样危险。如果不用心为群众服务，不主动把事做好，就对不起片警这个称呼。我的有所为，就是让更多群众满意，让社区和谐平安。"

"我没有叫你偷懒，只是提醒你不要管得太宽，揽得太多，没事找事，结果事事缠身。"姐姐举例说，"有一回我到你家看到，一个河南信阳拉板车送煤球的人，给你家送煤球，你去帮忙时，突然问人家，跟他同居的女人拿结婚证没有？我以为是玩笑，问了就问了，结果你听说没拿证就较真了，一次次去煤场告诉人家补办手续的方法步骤，光我就听到你给河南打了6个长途电话，不要钱啦？"

吴和平躲不过去了，说："我突然问他，是因为我见多了，这类打工者没有什么文化，不怎么懂法。他不办结婚证，孩子就上不了户口，孩子没有户口就不能上学。什么都可耽误，不能耽误孩子。我不管这个闲事，将来社会上就多一个文盲。"

"姐姐白说了，你总有理。"王旭峰插进来说。

"没有白说，该记的我都记着了。"吴和平捧着茶杯送到二姑妈手里。

二姑妈说："我都听明白了，这不能怪和平，吴家祖先们都是这样一代代教下来的。做人就是要这样，你姐姐静珍口狠，心一样善，做事总是为人家着想，生怕人家吃亏。和平，吴家的风气你们都接得好、传得正，二姑妈高兴啊！爱替人做点好事的习惯改不了，就不要改了，注意身体就行。我太活大了，说不准那天，说走就要走，这些年来家里大小事，都是你帮姐姐当家做主，你姐姐依赖你也成了习惯，我死时，也要依赖你。到那天你早点来，跟二姑妈最后见一面。”

吴和平声音颤抖地说：“二姑妈，您老人家真有个三长两短，我会立即赶到您身边，您好好活着，争取奔100岁！”

后来——2013年2月4日，腊月二十四过小年，这天上午，吴和平正在所里值班，突然得到消息：云梦的二姑妈病危，快不行了。他立即请假，刚要走出派出所，辖区里两家因宅基地纠纷，动员打工归来的亲朋，手持棍棒，对立起来。老吴顿时陷入两难中，想到与姑妈的感情他应该立即赶过去；想到自己走后可能短兵相接造成流血事件，又感觉责任重如山。最后，他强压着对姑妈的感情，保持冷静，将两家户主请到派出所，细致做双方的工作，直到事情得到圆满解决，他才匆忙到街头，打的赶往二姑妈家。

一路上，吴和平满脑子是二姑妈对自己点点滴滴的爱，母亲病的时间长，死得早，在童年那些最难的日子里，二姑妈不仅把收养的姐姐当亲生女儿，也一直把自己当儿子看，衣服破了是二姑妈帮忙补，想吃零食跟二姑妈赖，受了委屈扑到二姑妈怀里哭……他心里藏着对姑妈很深的恩情。赶到二姑妈家门口，姐姐就哭着对他说：“二姑妈闭眼前，一直等着见你最后一面，可你迟迟不到啊！”

望着安详离去的姑妈，吴和平跪在她的跟前泪流满面，责怪自己没能在她老人家临终前见她最后一面，听她说最后一句话，帮她办最后一件事。他充满内疚地喊着姑妈说："您老人家活着时，把我当亲儿子，支持我关怀我，是我不孝啊！您在天有灵原谅我啊！"

这次上坟返回后，在王旭峰的眼里，吴和平并没有因为姐姐的提醒而放缓步子，他多年习惯了，不可能再快，也不会再慢。再说了，日子离他心里那个"小九九"（方言，小秘密之意）更近了，需要努最后一把力。于是他一如既往在街头巷尾走来走去，像一台不知道疲倦的机器，一只勤劳的蜜蜂，万般细心地化解居民的烦心事、怄气事、伤心事。

资料显示：吴和平"走"中解决矛盾纠纷、"走"中消除安全隐患、"走"中与群众打成一片，30 年参与调解纠纷 1 万余起，协助抓获违法犯罪人员 500 余人，救助帮扶群众 2000 余人次。

资料中的一些故事，是现实生活的缩写。

2　替孤苦孩子管财产

这件事前后折腾了六七年，吴和平和他的战友无数次接到报警电话，无数次登当事人的家门。

晓军和晓芳夫妇隔三岔五打架，先后四次闹到法院，每次折腾都找吴和平，渐渐找上瘾了。吴和平每次接这对冤家的电话，就像接到军令一样。

1992 年 8 月，家住北正街的晓军和初中同学晓芳相爱了。当时晓芳的父母嫌晓军家穷，坚决不同意这门亲事，晓芳因此绝食了三天三夜。见绝食也没能打动父母，晓芳瞒着家人把户口本取出来，与晓军登记结了婚。

晓芳对爱情的非凡之举使晓军充满了感激之情。但他很快便发现妻子在家庭生活中也有着非凡的个性——喜怒无常：高兴时，通情达理、柔情万种，甚至恨不得割下自己的肉来给丈夫吃；脾气上来时暴风骤雨、雷鸣闪电。不过她的脾气来得快也去得快，往往劝架的人还没离开，她就亲密地挽着丈夫的手臂要出门。他们的爱情活像六月的天——说变就变，令街坊邻里都回不过神来。

日子久了，晓军觉得老是看妻子的心情过活很累，于是辞去工作到武汉开公司，没想到两年下来就搞发了。在北正街某处造了一栋三层小楼，把家里的电器全换成高档的、流行的。他们的儿子这时 9 岁，已上三年级了，成绩好又听话。可这对看上去幸福得不得了的夫妻，每次小别重逢时依旧是恩爱加争吵，痛并快乐着。

有了钱以后，晓军的容忍度变了，他对妻子的喜怒无常很烦，渐渐回家少了。

1999 年 3 月，晓芳感觉丈夫在外面有情况，夜里逼问时，晓军开始一口否认，见妻子不依不饶，竟然脱口说："有情况又怎么样？受不了你的臭脾气，不行就离婚。"晓芳大哭大闹："为了跟你结婚，我把娘家的人都得罪光了，出嫁时娘家没有一个人为我送行，连一桌酒席都没办；我放弃了工作，辛辛苦苦守着这个家，到头来你竟在外面拈花惹草，还提出离婚，你不想活了？"随后，她折断钓鱼竿抽打丈夫，闹得左邻右舍不得安宁。

吴和平接到报警，深夜来到她们家。听了晓芳的哭诉，对晓军严肃批评了。晓军后悔不已，承认自己错了，直到晓军下跪抽自己的耳光，晓芳才静下来。吴和平随机劝晓芳说："他下跪了，认了错，表示万分忏悔，你看你们，奔到这个程度多不容易，想想过去的感情和你们的孩子，这回原谅丈夫，把日子过好。"

想到时间快到凌晨四点，麻烦了吴警官一夜，晓芳有些内疚地说："吴警官，我家的破事让你费神，真不好意思，我听你的，不再闹了，心里再恨也忍着把日子过好。"

吴和平走出这个家时，街头早点摊已开始生火做生意了。他却自我安慰，只要他们夫妇和好，一夜没睡也值。

不料刚过了一星期，吴和平就接晓芳的电话，请吴警察去一趟。吴和平连忙赶过去，一进门，晓芳就大哭着说："吴警察，你是叔叔辈，我跟您说实话，我忍不住了，想到他跟别的女人鬼混，我就恶心，就不想跟他住一起。我要离婚。"

晓军从屋里走出来，睡衣上滴着水，连裹在身上的被子也湿淋淋的，气呼呼地说："要离就离吧，谁在乎谁，太可恶了，一天也不让人安宁，比母老虎还……"

吴和平打断他话："我来不是听你们吵架的，有话好好说。"随后提醒晓军把衣服穿好，小心感冒。

晓军长叹一声说："那天你劝了一夜，管了两天，她又不放过我，不让我出门，又天天说我身上有别的女人的气味。昨晚我睡沙发，今早儿子刚上学走，我冷不过，爬到她脚头取暖，开始她还给我挪被子，很快又说气味恶心。她起床了，猛地将一盆冰冷的水泼到我身上，我冻得直哆嗦。她老是这样疯疯癫癫的叫人防不胜防，这日子怎么过啊，过不下去了，我同意离。"

看到晓芳哭成泪人，吴和平感觉到她心里万般痛苦，便让晓军回到房里，单独安慰晓芳说："百年修得同船渡，千年修得共枕眠，一对夫妇要经历几十年的千辛万苦，遭受种种苦难，才能领悟爱的含义。我是想说，你们的婚姻遇到这样坎坷，原因是晓军，你没有错，可是晓军已经认错了，你该给他一个改错的机会，你老是这样困在阴影中走不出来，对大人对孩子都不好。建议你量放大点，多想想这个家和聪明可爱的孩子，包容他的过失，时间是最好的良药，日子久了，一切都好了。"

晓芳含着泪说："我是豁出去跟他结婚的，我觉得划不来，他连猪狗都不如，我怎么跟他过。"

吴和平说："你当初不顾一切，定是看到他很多优点，不能出点事就一团漆黑，困难时更该多想他的优点，至少他会挣钱，你看你家应有尽有。而且，我看他改错的态度是诚恳的，相信你也看到了。"

听到吴和平和风细雨般的安慰，又听吴警官身上的小灵通响个不停，晓芳平静地表态说："不好意思吴警官，耽误你一个上午，我会忍着把日子过好的。"

大约半个月后的一个深夜，晓芳与晓军又一次大闹天宫，报警电话一个接一个，吴和平不得不立即赶过去。吴和平自然还是想把这对原本有感情基础的冤家重新揉到一起，可晓芳在感情上像得了败血症，输一次液只能管一阵子，过后又开始发热。吴和平跑了五六次，都"治"不断根，半年后他们夫妇还是离婚了。

离了就离了，按说吴和平从此可以松口气了。然而麻烦还在继续，真离婚了，他们彼此又后悔，没离多久，他们又复婚了；复婚了又闹，闹了又离。每次进法院，都像仇人一般，出来时又像情人一样难舍难分，黏黏糊糊。分居的日子，不是他溜进她的房，就是她上了他的床。如此恶性循环，似乎无休无止。

第四次离婚后，闹翻了天的晓芳对吴和平说："这回是真的，恩怨全断了。"吴和平不知道再对她说什么好。

不久，吴和平知道了，他们的恩怨并没有断。那天办了离婚手续后，晓芳和晓军去了一家豪华酒店，在如诉如泣的萨克斯吹奏的音乐声中，晓芳捧起酒杯，泪水流了出来说："结婚这些年来，你总是依着我，打不还手，骂不还口，把辛辛苦苦挣的钱全交给我管，我们缘分虽然到头了。毕竟夫妻 10 多年了，感情碎了人情还在。"

晓军突然发现自己也在流泪，心里全是晓芳的一筐筐恩情、一串串好处，浓浓的内疚感包围着他，他甚至觉得自己的背叛对她是多么的不公！他禁不住紧紧抱住晓芳痛哭："你忘了我吧！我对不起你……"彼此都欲罢不能，擦着泪挽着手，又鬼到了一起。

复婚是喜事，不会告诉吴和平，一旦打闹起来却准会给吴和平打电话。有一次吴和平真的烦得不想管这个破事，可是反复接到报警电话却说明，冤家夫妇打闹对四周居民影响大，不能不管。不过，吴和平再走进他家时，都要先问一句："你们现在是什么关系？"

"这回绝对离了，永不复婚。"晓芳说。

晓军也说："再不真离，我们不累死，也会磨死一圈子人。"

"各过各的日子，又有么事哩？"

原来他们离婚并没有离家。法院判决，把以前住的三层楼一分为三，儿子在顶屋，晓军在中间，晓芳在下面。虽说判决时大家都没意见，可实际生活麻烦太多。离婚后他们都有权找自己的配偶，按说双方无权干涉，但心里受不了。晓军带女人上楼时，晓芳在屋里摔东西，跑上楼跟晓军和他的女人吵。晓芳带男人回家时，晓军看到了也找茬跟晓芳吵。有时两个女人和一个男人，或一个男人和两个女人吵成一团。附近的居民怨声载道，连连报警。

为避免出现恶劣后果，吴和平听取了施高华、田少卿等战友的建议，决定让冤家彻底分开。于是吴和平给晓军摊牌说："你是男人，伙计，放大度一些，我动员晓芳补给你一点钱，你重新租地方住。"晓军想到长此下去对孩子不利，也同意搬走。

可是还有一个问题，他们夫妇离婚前在卧龙还有点房产，法院判给了他们的儿子，这时儿子还没到法定年龄。男女双方都争着要管理孩子的财产，又吵了起来。12 岁的儿子又在一旁哭，最后儿子含着泪对爸妈说："从我记事起，这个家就没有安宁过，放在你们那里会继续不安宁，我现在只相信吴伯伯，你们把我的东西放在吴伯伯手里吧！"这对冤家面面相觑，把孩子的房产证交给了吴和平警官保管。

吴和平保存了七八年，直到他们的儿子考上大学，他才交还给这个孩子。

3 帮老人情感回归

2011 年 5 月间，吴和平在“走”中听说，跳广场舞的一对大妈闹得很凶，受了委屈的一方回家后就中风了。虽然没有接到报警，但吴和平心里却放不下，开始了解吵架的原因。

赵平夫妇为儿子的婚姻怄了很多气。他们深感内疚的是，对不起前任亲家，特别是听说前任女亲家挨骂中风，他们夫妇更加难过，可是中间隔着一道厚厚的心灵障碍，决定找吴和平帮助。

赵平的妻子叶云 33 岁才生下儿子赵虎，儿子在溺爱中长大，从小任性，可儿子天资聪慧，一路考上大学没让人操心，却在婚事上却让他们夫妇伤透了心。

2005 年五一劳动节，赵虎从上海回孝感休假，妈妈叶云听说赵虎与大学女友分了手，一直闷闷不乐，便试着对儿子说：“张姨听说你 28 岁还没有女友，主动对我们说，她女儿晶晶一直没找到中意男友。晶晶爸和你爸是老朋友，小时你和晶晶一起上幼儿园，后来，晶晶随她爸妈到县里生活工作了十几年，前两年返回孝感，与我家住同一个社区。晶晶妈妈说，晶晶的心里一直装着你，她大学毕业后在上海一家国企工作。晶晶妈妈的意思，我们两家知根知底，关系好，想让你和晶晶处处。”

经双方老人有意无意的撮合，赵虎和晶晶结婚了，双方老人和亲朋喜得不得了。哪知道，婚后他们在上海生活第二个月，赵虎就给妈妈叶云打电话说：“我心里仍爱着大学同窗阿丽，常梦见给阿丽献花、帮她抢饭，一起散步打闹。”叶云劝儿子说：“夫妇间哪有不磕磕碰碰的，闹点小矛盾是常事，忍一忍就过去了，切不要当真。”

没过多久，赵虎又回电话说，他找不到感觉，爱不起来，一辈子太长太长，没感情叫我们怎么熬。还说他已与阿丽好上了，想与晶晶离婚。

叶云气得全身发抖，当着女亲家的面，给赵虎打电话说：“你和晶晶从见面到结婚，我们两家谁也没逼没绑，如今牛马都过了河，你还这样挑剔，晶晶哪点不配你？你是哪根神经出了岔？你个混蛋儿，你是不是想丢我们的脸，把我们气死？”赵虎脾气也很大地说：“是没逼没绑，都是一副好心肠，可我不想一辈子守着这个要死不活的婚姻。我什么也不要，只要解放证书。”

很快地，赵平夫妇从亲家那里得到消息：赵虎已与晶晶办了离婚手续。那些日子，赵平夫妇像做了什么见不得人的丑事，好些日子不愿出门，不去跳广场舞，怕见老街坊，更怕见到晶晶的父母亲，即使跟左邻右舍说几句，也是躲躲闪闪，生怕触及儿女婚事的话题。赵平夫妇心里怨儿子，却希望儿子爱情幸福，同样也希望晶晶早点走出阴影，重新成个家，过上平静的日子。

“可是事情远不是我们想象的那样简单。”赵平对吴和平说。

“就在我们躲避的日子，女亲家跳广场舞时，与她平时关系不错的彭大妈不知为什么跟她闹翻了，彭大妈嘴巴像刀子，连说了四个‘贱’：亲自给女儿说媒贱；嫁姑娘不提条件贱；把人家的儿子当儿子贱；女儿被人家一脚蹬了贱。当时很多人在场，女亲家怄得连哭的力气都没有，回家后就中风了。目前只能靠男亲家扶着走路，看到他们的背影，我们的心里就像刀绞。如果不是我们儿子翻桩，他们绝不会是这样子！”

吴和平听明白了，说：“你们是不是可怜他们年纪大，身边没人照料，日子苦，想帮他们又怕他们不接受，所以越想越内疚。”

赵平动情地说：“我和赵虎妈都过了六十，他们两口子比我们大一点。年轻时我与晶晶爸在一个知青点，农村那样苦，我们相互照料，后来一起考上中专，学的都是农技专业，在野外实习，我们睡一个窝棚，剩下一个饼子，他吃一口我吃一口……退休后，我们天天一起散步、打牌，过年过节总在一起喝酒热闹。”赵平的老泪都快要掉下来，“他老伴现在这样子，我们心里特别难过，无论如何不愿意看到他们这样的惨状。我们两口身体好，想搬家，搬到他们家的旁边住……”

“你们的心情我能理解，但你们也是一把岁数，后人同样在外地，也不能一时冲动。”吴和平若有所思地说，“先缓缓，你们再内疚，不能代表孩子，无法更改现实。换句话说，即使人家愿意重新面对，恢复你们过去的感情，也不一定非要搬家，老街老巷就这么几步，想帮忙容易。总之，先让我把情况摸摸再说。”

晶晶的父亲见到吴和平上门，激动地说：“吴警官，我早就认识你，有一年天气走暴，你挨家挨户喊关好门窗，还常看到你牵孩子过马路，扶行动不便的人。”

吴和平谦逊地说："那是我的责任，遇到了就搭把手。"随后转过话题，"我今天是来看晶晶妈的，听说跳广场舞受了点气，身体不太好。"

吴和平向半躺的晶晶妈问候后，随晶晶爸回到客厅落座。

"何止是受气，简直奇耻大辱。"晶晶爸仍很气愤，他接着前面的话题，长叹一声说，"外面传得沸沸扬扬，我正打算找你。你说那个彭大妈怎么这样不靠谱，平时她与晶晶妈掏心掏肺，姐前妹后，闹点意见就翻脸，就把那些话都当众抖出来。我们女儿被老朋友的儿子给抛弃了，心里本来就难受，如此恶毒攻击，这不是要晶晶妈的命吗？再说了，我与赵虎爸过去亲如兄弟，为儿女的事不存在谁主动，谁被动，我们就是把赵虎当儿子看，又有什么错？结婚离婚是法律给的自由，萝卜白菜各有所爱，有什么错？说实话，那晚我晓得后，如果不是别人劝，我非跑过去掴那个彭氏女人几个耳光。我过去做过多年思想工作，非常清楚，语言暴力很残忍，非常伤人，会给人家造成永远无法修补的伤痛。"

吴和平说："您老冷静些，我已找了伤人的彭大妈，她很后悔，她说方便时愿上门道歉。"

"都这样了，我们不想再见她。晶晶妈也很后悔，婆婆妈妈的朋友不能深交，交深了，说了真话，等于把自己的脖子伸到对方的铡刀下，如果翻脸了，会铡死人的。世上就有这样的人，不能当朋友交。"

"那么，假如，"吴和平试探着说，"赵虎的父母如果想来看看你们，陪晶晶的妈妈说说话，你们还愿意把他们当老朋友，继续交往吗？"

“凭什么不交往，这与我老伴遇到的情况完全不一样嘛。”晶晶爸爽快地说，“我们两口与赵虎的父母打交道几十年，感情这一块，不说是生死相交，至少是来往密切吧，从来没有红过脸。两家为孩子的婚事闹得有些不快，也是人之常情，都是为了那点面子，但里子没有变。他们心里有障碍是他们的事，我们老两口从不怨对方。再说了，孩子们都有文化，婚事是他们自己的事，双方父母没有理由生怨生恨。等晶晶妈好点，我和赵虎爸照样可以一起打牌聊天嘛。”

吴和平向赵平夫妇反馈了他了解的情况。

随后，四位经过情感磨砺的老人，又和和气气走到了一起。

4　给孝顺晚辈出主意

2012 年春节前几天，吴和平在“走”中接到一个短信：

> 吴警官好！我叫宋朝，老家孝南农村，现住深圳。母亲走得早，父亲含辛茹苦供我读大学，后卖掉乡下老屋，凑钱帮我在深圳买婚房，铁心一起生活。如今遇到一些麻烦，想见面交流，求您的意见。

吴和平回复说：

> 当然可以，我在向阳警务室。

不几天，宋朝开车来到向阳社区警务室，见到仰慕已久的吴警官，把他心里捂着的事全都说了出来。

宋朝的老父亲豁出去卖掉乡下的老房时，宋朝对他承诺说：“爸，日后您跟我们一起生活，不要有任何犹豫。”老父亲于是背着被窝去了深圳。

宋朝刚结婚那两年，他们一家人还算和睦幸福。老父亲常站在窗口，瞅着蓝天白云和楼下密密麻麻的车辆、行人，有种神仙一般的感觉，但随着年纪的增大，身体常出状况，老人越来越感觉住高楼不习惯，仿佛被锁进了空中玻璃箱，闷得喘不过气来，整天头昏脑涨。

宋朝媳妇红群对老父亲的挑剔也渐渐多了。

抽了几十年烟的老父亲一旦感冒咳嗽，那声音像砍劈柴似的难听，特别是咕咕哝哝地吐痰，红群听到就想吐。为此他们夫妇多次发生争吵，红群提出给老父亲租一个地方住。宋朝一听就来气，说：“我爸千辛万苦把我培养出来，没有留一点后路，到了需要后人照料的时候，让他独自住出租房，亏你想得出来。”夫妇冷战的那些日子，宋朝常常独自面对恩重如山、一天天衰朽而又不愿意多说一句话的父亲，想着父亲往日点点滴滴的爱，往往忍不住泪流满面。可宋朝又想到，他的孩子刚上小学，夫妇感情深，既要顾好自己的一家三口，又不能让生病的父亲身边没人。两难中他反复考虑了一年多，终于壮着胆子跟老父亲商量说：“爸，孝感城西东路有一家养老院，吃的住的是现成的，我听说条件还不错，有护士有医生。我隔个把月回去看您老人家，你看行不行？”

老父亲其实早想离开深圳这个家，但心里却舍不得儿子和孙子，所以儿媳给他再多的脸色他都能忍。这会儿，儿子提出了送他回孝感进养老院，他还是感觉有点突然，顿时明白共聚天伦的日子结束了，但他能理解儿子的难处，过了好一会，才悲凉地说：“迟早要回老家的，我回去，我愿意去养老院。”

老父亲的态度，明显是对自己的命运的无可奈何，这让宋朝更难过，后悔不该说这话。拖了一些日子，宋朝决定送老父亲到他们家附近小区养老院。老父亲听儿子的安排，跟着去了。虽然与父亲离着很近，宋朝每天去看望时，心里就升起一阵疼痛，环境虽说好，生活也不差，毕竟是老弱贫病聚居的地方，弥漫的气息与家庭生活有天壤之别，而且更让宋朝不安的是，老父亲一辈子没离开过孝感，加上又没有多少文化，听不懂南方话，不能与养老院的老人们沟通，一天到晚独进独出，没有一个朋友。每次看完老父亲返回的路上，宋朝总是泪汪汪的，恨不得辞去所有工作专门照料老父亲，可现实是，他必须要挣钱，要养房、养车、养家糊口，心情不舒畅，回家就要找茬与妻子吵。吵到后来就几天不回家，干脆去养老院睡在父亲的脚头。

老父亲深受感动，老泪纵横地对儿子说：“我七十大几了，最近老梦见孝感老家，深圳这边的饭菜不合我胃口，还是想回孝感，住你三叔家，这样可以节约钱，有个三病两痛，你三婶也可以关照一下。”

“爸，这不成，当初卖老家老房时，三叔想买，你嫌出钱少，最后卖给了外人，三叔一肚子意见，现在返回去让他家照料，就是给钱，他们也不乐意的。天天找话你听，受得了吗？”

“你三婶心肠还好。”

“她不当家，而且她要照料她的孙子，这不成。”

宋朝最后说：“如果您铁心想回孝感，给我一点时间。”

随后，宋朝借到武汉出差的机会，到孝感城西东路的养老院，打听摸底。生活在这里的老人们，纷纷跟他介绍说，这里服务好、生活好、离家近，隔墙就是警务室，片警吴和平为人善，把养老院的老人当亲人；还说，每年吴警官都和新华街的领导慰问养老院和辖区的贫困户、孤老户。每到一家，吴警官总是先进门，瞧瞧窗户漏不漏风，摸摸被子暖不暖和，看看煤球够不够烧，然后一件件记在小本子上。漏风飘雪的，他就去粘好糊上；不暖和的，他就送去被褥，黄金成爹爹的住房年久失修，吴警官就找来做泥瓦工的亲戚，免费帮老人修好。

一位陈姓老人，看到宋朝面善，猜想是为安顿老人而来的，如实介绍说：“前些日子下大雪，养老院前面的树枝都被积雪压断了，吴警官和社区的干部担心我们受冻，深夜踏积雪送保温袋。还有一次，一位老头出门买草药，走失了向，吴警官和社区书记主任帮忙找回，又帮忙熬药。把你爹妈放在我们这里，我们就多了一个说话的，相互帮一把，日子好过……”

宋朝虽然心里有了谱，还是希望吴警官帮他做最后决定。他来到警务室，里面摆着三张办公桌，靠里面两张，是社区书记主任的，外面一张，办公桌上摆着吴警察的名字。刚解决好一起纠纷的吴警官，让宋朝亲自感受到了吴和平广泛流传的待人热情——双手请坐，双手敬烟（宋朝不会抽），双手送茶。

两人的心灵距离顿时拉近了，宋朝向吴和平掏出心窝子说：“我4岁母亲就走了，靠孤身父亲种菜卖菜，一分一分挣钱供我读完大学，之后他老人家又不顾一切凑钱给我交首付。他的整个一生都在为我这个儿子。我从咿呀学语、蹒跚学步到身强体壮、参加工作，他每天都在为我挣扎。到了我该孝顺的时候我却没做到，我怕老家的乡亲们说我不孝顺，良心不安。”宋朝说着，泪水快要掉下来。

吴和平安慰他说：“这样的事现在很多，不是孝顺问题，你们独生子女们，一个小夫妇至少要管四位、有的五六位老人，就是长三头六臂也顾不过来，所以你不要有障碍，不要怕人说三道四。养老院是多数人以后的归宿，必须改变观念。再说了，养老院有专人护理，能慰藉寂寞，能替孩子尽孝道。”

宋朝这才静下来，喊着吴叔叔说：“我想请您帮我决定。”

吴和平干脆地说：“把你父亲放在这里，一是水土、季节、风俗习惯老人适应；二是语言沟通方便；三是离医院近，遇到大病便于救治；四是养老院在我们警务室旁边，便于我们帮忙，有困难可以及时照顾。把老人安顿在我们小区，就等于是我们的老人。”

宋朝激动得当即下决心，说：“听吴叔叔的，把父亲送过来。”

随后吴和平又问：“你从深圳到孝感需要多长时间？”

宋朝说：“坐飞机，加上进场出场时间，最快也得五六个小时，遇到天气问题，就难说了。”

吴和平叹口气说：“你们这些独生子，在外面就业安家时，总想着如今交通方便，却没想到父母的生命不是交通时间来决定的，老人的身体出意外常常发生在不可预测的时间和地点。前几天，我们社区有位老母亲病危，他的独生子在浙江绍兴一家外企。通常情况下回孝感只要十二三个小时，问题是，他接到母病危的电话已经买不到当时的票。而且那个外企离绍兴有200多公里，小两口又不在一起工作，相隔三个小时车程。等夫妻和孩子在绍兴集合后，打出租到上海南站，不料路上堵车，没有赶上设想的动车，又等了几个小时。好不容易坐上到武昌的动车，赶回孝感已经耽误了两天两夜，终没能跟母亲见最后一面。看似很方便，一个环节没赶上，环环脱节，会耽误很长时间。对你们这些孝顺的子女说来，选择在外安家时，对父母晚年要有实际的考虑。我们再怎么关心，你们还是会两边牵挂啊！”

宋朝把父亲送养老院后，噙着泪水与父亲和吴警官道别。

5　给失独父母慰人生

“前些年，河口大桥水域连续发生多起学生溺水淹亡事故，好端端的家庭突然失去独生子，亲人痛苦难当，悲痛欲绝。每次事故发生后，书院街派出所都配合做好善后工作。做这样的事很难，有些家长过度悲伤情绪失控，需要充分准备，特别要耐心……”吴和平在日记里，详细记录了他参与处理一起学生淹亡故事的痛苦经历。

2011年5月22日，晚9时13分许，孝感消防支队接到

110 转警，城郊河口大桥段两名中学生下河游泳后下落不明。消防支队官兵立即前往搜救，至当晚 10 时许，失踪学生先后被找到，可惜均已溺亡。

吴和平接到通知，到河西某中学协助处理这起溺水淹亡后事。当时学校面临失控，两个失独孩子的家长悲伤万分，其亲朋好友情绪激动，很多人堵住学校大门，甚至提出将两个学生的尸体拖进校园，在操场上烧纸、摆花圈，还说如学校处理不好，就闹到区教育局、区委大院。

为什么要把这等麻烦事交给吴和平？施高华说，老吴参与处理突发事件多，无论多复杂，多难缠，他特别耐心细心，他有着数十年的丰富经验。书院街派出所的干警都记得，有一次吴和平正在值班，后湖路发生了一起新疆人与汉人打架的事件，双方都有人受伤，新疆人随后纠集 20 余人冲进派出所，情绪非常激动，甚至想在派出所殴打当事人。在双方拉扯、僵持时，吴和平控制气氛，随后与施高华、鲍厚敏、艾学东等干警兵分三路：一路耐心说服稳定情绪；一路将双方的伤者送往医院；一路迅速带调查材料去民宗局汇报。负责稳定情绪的吴和平，与当事人谈到深夜 12 点。施高华看他年纪大，又有高血压劝他回家休息。吴和平怕出现反复，一直在派出所守到凌晨三点，在多方协调得到妥善解决后，他才放心回家。

副所长张家喜说，其所以关键时候请老吴出山，除了他有很强的责任心，他还善于利用细节盘活人脉气场。“八年前，我从车站派出所调书院派出所任职，第一次参加值班备勤，大家都静坐着，老吴看我初来乍到有点尴尬，就主动对我说：张副所长，你也坐呀！我有了台阶，连忙说：谢谢，以后共事请大家多支持。老吴和气地说，从车站到书院都是一个分局，都是一个大家庭的成员，是工作需要才走到一起的。老吴的话让我十分感动，他的言词总是那么的朴实、和顺、感人、犹如一个老大哥。将近60岁的人了，工作敬业，脚踏实地，充满激情，从不抱怨，而且生活节俭、从不奢侈；他的心与群众连得很紧，处理溺亡事故请他上阵，能起到事半功倍的作用。”

吴和平在日记里说：

> 为处理好这桩后事，成立了由公安、法院、乡镇和学校组成的专案组，我是组员之一。当晚进驻学校时，校门口围了近千人，正门被堵死，只能从侧门进去，校内哭声、喊声、乱成一团，溺亡学生的亲属们像浇了油的干柴，骂骂咧咧，找校方说理。学校的一位负责人被愤怒的人群团团围着，面对海一般的怒吼，他脆弱得仿佛随时会被人撕碎。这种气氛压力下谁也无法解决问题，必须得先把人群疏散，把外围清开。现场人再多，总会有领头的，我对几位村支部和校长说：你们当前的任务是，立刻把你们的人喊回去，请法官计时，看哪个村组的农民、哪个班级的学生撤离得最快。大约过了十五分钟，人群像麦影子纷纷散去。

第一层萝卜皮剥去了，现场还有七八十人，主要是两个溺亡学生的亲属。

人还多了！吴和平对在场的人说，娘亲有舅，爹娘有叔；舅舅再多留下一位，叔叔再多选一名，加上苦难父母和陪同人员，只留下十多位，由学校负责安排住处，其他的亲朋请离开学校，自己找地方休息，通知你们来学校也要轻脚轻手，孩子们还要上课。

没有谁认为吴警官的话不对。很快地，众人基本散尽，专案组可以一对一沟通了。

真正的难处来了，溺亡学生的亲人先不谈赔偿，全是悲痛，没完没了的痛哭。小东才 16 岁，他的父母本来结婚就晚，婚后四五年不开怀，两口子东南西北跑了很多医院，才感动了菩萨。小东出生时两家亲朋喜得大摆酒宴，连放三天鞭炮。在他的整个成长过程中，父母双方的亲人把他含在嘴里、捧在手里，有求必应，百依百顺。小东虽然读书成绩一般，但特别爱干净，周末总是把家里扫得干干净净的，把妈妈洗的衣服折得整整齐齐的，爸妈希望小东成人，不怎么过问他的学习成绩……淹死的另一个学生小龙，特别机灵、胆大，爱打球游泳，父母亲在外打工一年难见一面，小龙和爷爷奶奶的感情很深，上初中住校后，学洗自己的衣服，内衣打球汗湿了，不洗净晾好就睡不着。出事那晚，学校突然停水，两个爱干净的学生瞒着教师去了河边，直到学校熄灯不见人影，才引起警觉。

两个学生都是独生子，是家里的未来和寄托，养这么大不容易，付出了多少情爱，转眼间孩子没了，希望没了，所有的寄托被老鹰叼走了，他们的父母、爷爷奶奶、外公外婆如何面对，如何受得了。全是哭，孩子父母哭了一夜，吴和平跟着流了一夜的泪，没有一句赔偿之类的话。

第二天，吴和平把铺盖搬进学校，与两位苦难父亲同住一室。吴和平知道，这个时候劝什么都是多余的，也不是扯是非、论责任的时候。学校不准学生下河游泳的规定，清清楚楚贴在教室的墙壁上，班级里也反复警示，并且把以往淹死人的教训印成宣传画，贴在操场宣传栏里。脚长在学生的腿上，再负责的老师也无法时刻盯着，能全怪学校什么吗？当然出事后，板子依然要打到校领导和班主任身上，两条活鲜的生命突然没了，扯任何理由都躲不过，必须承担对学生管理疏忽的责任。

苦难家长不提责任，不说赔偿，他们不吃不喝，没完没了地流泪。

吴和平也不多说话，安排女生照料好两位苦难的母亲，他专心伺候两位苦难父亲，帮他们打水沏茶、洗毛巾叠被窝，把热饭热菜一次次送到他们手里。两天后，两位苦难的父亲渐渐醒过来，同意将孩子送去火化。第四天，开始与校方交涉赔偿问题。但因校方经济困难，第一次没有谈拢，几个亲朋听说后，又带一帮子人到学校准备闹事。两位受到吴和平感染的苦难父亲，前去阻止，一位含着泪说："吴警察日夜陪着我们，跑前跑后照料我们，他的岁数大我们一轮，还在吃降压药，他没有劝我们多少，更没有要求我们怎么做，但我终于明白了一点，出了这个事谁都非常不情愿，孩子不听话是主要原因，追究起来我们做家长的也有责任，不能光怪学校。"

吴和平接过话说："我在你们面前装强装硬，但我能感受到你们承受的巨大痛苦。我也是一对儿女的父亲，深爱着我的孩子。灾难已经降临，已经把我们折磨得死去活来，我们没有别的选择了，只有坚强地面对。再说了，孩子走了不能复生，日子还要往前过，我们要挺起来面对现实啊！"

“那也不能这样了事。小龙的父母整年在外打工，爷爷奶奶一身病，奶奶听说孙子出了事，怄得只剩最后一口气。不是我们想闹，是因为这也是现实。孩子没了，家里没指望了，你们说什么也得给个说法吧!”一位亲朋大声说。

“学校领导正在想办法筹钱，准备到外面借，还不够，他们打算垫自己的工资。总之，再难也要想办法把事情办妥帖，望大家配合一下。”吴和平说。

小东的父母和亲朋的工作似乎做通了，可他的一位在外地工作的姨妈露面后，情况急转而下，提出了一些新的问题，她认为：送孩子到学校时，孩子爱干净的特点已跟所在班的班主任老师说过了，而且学校停水不是学生的问题。更令家属不能原谅的是，小东的班主任是个麻将精，放学后基本不管学生，哪个喊，她就去哪儿打麻将，根本没把心思用在学生身上。出事那晚，这位班主任老师在城里一家酒店打麻将。学校为什么选这样的人做班主任？她配不配做班主任？她有没有一点爱岗敬业的精神？必须先让这个班主任向家属道歉，然后再谈赔偿的事。

小东的姨妈说的不是没有理。这个能走遍天下的“理”，给学校陡增了压力：不作检讨说不过去，作了，就更说明学校有着不可逃避的责任。接着，聚集在学校旁边旅馆里的几十个亲朋随后又闯进了学校。

吴和平在日记中分析说：

实际上这些年来之所以常出现群体事件，一方面是一些主体单位在事件发生初始不以为然，躲躲闪闪，不愿承担责任，没有认识到复杂性，让一般问题久拖不决，逐渐升级到矛盾恶化，情绪对立，不闹大似乎不能引起各方重视，最后不得不满足对方提出的条件。处理孩子溺死事件，本来令人心碎，溺亡孩子的父母和亲人只顾着伤心，他们肯定没有想到要动员一帮子人到学校闹事。可是多年积累的“现象”，让一些人看到甜头，越闹大越容易达到目的，于是只要有一个煽，就会引发一群，随后得寸进尺，步步为营，加重了处理问题的难度……

为化解矛盾，吴和平与苦难亲人形影不离，苦煎苦守了15天，经过艰苦细致的工作，终于感动闹事方，使问题得以圆满解决。

6　带孩子见“模样妈妈”

吴和平走在街上，看到一些孤苦伶仃的孩子，心里就不安。他认识一个叫小明的7岁女孩，小明出生第三个月爸妈就出门打工了。爸妈没有多少文化，加上后来又添了一个弟弟，很少给家里打电话，有时连过年都不回老家。小明一直跟着体弱多病的爷爷奶奶一起生活，家住城西郊外的湾子里，离吴和平住的城西二路不远。小明四五岁就独自到吴和平楼下的小卖部帮奶奶买盐。随着年龄的增长，她越来越想念远方的妈妈。终于有一天，她听说妈妈在北京打工的地址，于是她开始给妈妈写信，天天写，一天写几句，然后把信叠成纸鹤，希望纸鹤飞到北京，希望妈妈知道女儿想她：

亲爱的妈妈，这是我一年里给你写的第二十三封信，我知道你收不到，因为你和爸爸挣钱从没有固定的地点，但我还是想要写给你。妈妈，我现在最不能容忍别人说我没有妈妈，说妈妈不要我。我知道，你和爸爸是为了家里能盖新房，为了能让小明上更好的学校，才出去打工的，可是两三年了，妈妈呀，您到底什么时候才能回来啊？爷爷病了，奶奶挖菜地都挖不动，却还要照顾爷爷。我昨夜又做梦了，梦见妈妈坐着纸鹤飞回家了……

小明是吴和平放心不下的留守孩子之一，他下班回河西二路，总是习惯性地在放学的孩子中搜索小明的身影。小明也渐渐感觉有了依靠，放学时常等在路边，牵着吴爷爷的手过马路，说亲热话。每当这时，她就特别快乐自豪，不是摇头晃脑，就是故意把包顶在头上，声音很洪亮地跟她的同学打招呼，招来一片羡慕的目光。如果有人问警官是她的什么人，她早想好了，说："我表叔。"吴和平问她："吴爷爷怎么变成了表叔哩？"小明说："我爷爷、我外公、我大伯都到学校接过我，同学们都认识，喊吴爷爷是礼节，没有亲缘的人也喊。喊表叔似亲非亲没法证实，同学就不敢欺负我了。"

"孩子，你真聪明！"

"只是在认亲方面有点天才，学习成绩一般般，这次只考了第 6 名。"小明说，"老师说我精力不集中，语文课文背不下来。我老梦见妈妈，梦里哭醒……"一路讲，讲得吴爷爷竟然忘了拐弯回院子，把她送进了湾子。

之后，小明对吴和平的依赖更重了，一次，她牵着吴和平的手，喊了一声吴爷爷，泪水汪汪的。吴和平感觉有点不解，小明突然说：“吴爷爷，今天我想晚点回家，想吴爷爷陪我去一趟后湖商场。”

吴和平蹲下身子说：“买什么东西，非要去后湖商场？”

“只有后湖商场有嘛。”小明说着，泪水纷纷落下来。

看她可怜的样子，吴和平说：“你不哭，吴爷爷就陪你去，时间不能长，还要让同学给你爷爷奶奶捎话，免得他们担心。”

小明立即精神起来，拦着一位小同学说了几句话，转身跑过来拉着吴爷爷的手。

进了后湖商场，小明并不急着买吴和平估计的食品、文具，而是拉着他去了卖家电的区域，转了半圈，小明站着不动了。

“孩子，你到底想买什么？”

小明把头扭到一边，边哭边用小手擦泪。

“告诉吴爷爷，你看上什么，爷爷帮你买。”

小明突然扑到吴爷爷怀里，哭着说：“我快不记得妈妈的样子了，上个周末跟奶奶来这里转，看到柜台里有个阿姨像我妈妈，她笑的样子更像我妈妈。我又记不准是哪个柜台，怕转不出去，就请吴爷爷陪我。”

吴和平心里湿湿的，强让自己平静下来，问她：“现在看到那位妈妈没有？”

“记得是这个方向，她好像今天没来。”

“不要担心时间，爷爷陪你。”

“有空再来，她总会上班的。”

“要过 5 个路口，人多车多，不要单独来。”

“吴爷爷，我看到了看到了！就是那位，特像我妈。”

“爷爷带你过去，但不要随便喊人家妈妈。”

“我还是想喊，心里喊，她听不到的。”

“你喊吧，也许北京的妈妈能听到。”

返回时，小明高兴得不停地说话，可是吴和平没有怎么接话，他的眼眶湿润，不敢再跟这个可怜的孩子对视。

第七章

呼喊千天，期盼的奇迹没出现

昏迷第898天，孝感第一人民医院304病房。

河西二路的老邻居李友如，又一次来到吴和平的病房，他刻骨铭心的记忆定格在吴和平昏迷的那一刻：他和胡立及几位邻居把吴和平扶在靠椅上，这时吴和平已经不能说话了，但头脑至少有十几秒是清醒的。吴和平留给大家的最后一个动作是，右手颤抖着伸向胸前装有手机的口袋，他似乎还有事没做完，还有话没交代，可他的手还没有摸到手机，就昏迷了。从此他豁达的人生态度、至仁至善的处事法则，都被漫长的昏迷掩盖了。

王旭峰不想听到李友如反复说过的这些话，她不能面对丈夫昏迷的那个时刻，因为她不能接受一个事实：如果吴和平不再醒来，等于说，她从三楼跑下来、奔向丈夫的前几秒，吴和平就已经不省人事了，而那一刻，丈夫的身边没有亲人，是在悄无声息、没留下一字一句情况下昏迷的。这让王旭峰无法接受，等于是在突然间，病魔就将他们夫妇活生生地拆散了，将这个家所有的梦想粉碎了。她不想听那些话，不想童年没有得到多少爱、大半辈子只顾着奉献的丈夫就这样走了。她自己也渐渐老了，怕没有人说话，怕晚年孤独；她的喊，是心灵的挣扎，是无可奈何的寄托，是喊够了，以后永远不再喊的一种绝望与自我安慰。兴许还会醒来，哪怕这个希望是一根草，她也要坚守下去。可是现实无情，发誓证明落空了，无法更改了，身体受不住了，体力也耗尽，眼睛也看不清了，说不准哪天心脏病再度发作，倒在病房再也醒不来，走在了丈夫的前面……可是两个孩子怎么办？他们要生活要工作，要奔他们的前途！和平呀，你老这样要死不活，生理指标正常，人却毫无反应，日复一日，年复一年，哪天是尽头啊！

最近的一天，第七个昏迷不醒的脑溢血患者被家属放弃了，王旭峰大哭了一场，感觉自己也崩溃了，这之后，她一次次在梦中与吴和平对话。王旭峰说，和平，我听你的，我们回家吧，回到城西二路的家，我像在医院时一样样照料你，只要我还有一口气……

1　前世欠你的

时光转眼到了2015年9月9日，在医院守候了两年6个月——整整900天的王旭峰，顽强等待、日日夜夜盼望的奇迹还是没出现，吴和平仍纹丝不动，眼皮偶然眨巴一下，笔直直地望着天花板，望着那个永远静止的目标。他的肌肉大幅萎缩，人已骨瘦如柴，但血压、心跳、脉搏，皮肤电阻等主要生命指标依然趋向正常。这就证明他还活着，可是这是哪门子活法！

至此，王旭峰仍不屈服不低头不放弃，继续寻找自己的证明，固执地认为专家的判断不准确；在世界医学史上，昏迷几年、几十年醒过来的植物人里为什么不能有丈夫的名字。

她忽视了丈夫的年龄、体质和脑溢血给脑神经造成伤害的程度，她过分坚信爱的力量和爱构筑的幻想，以致掩盖了她对丈夫病情严重性的正确分析。

用情感靠傻劲支撑的幻想，其实早就面临不可逆转的溃塌，可总相信奇迹的她不甘心呀！她揪着“十万分之一”那根天方夜谭般的稻草，煎熬着病房的日夜轮回，悲怆地甚至愤怒地送走了一个个放弃治疗的病友，像一位与阵地同存亡的战士，伤痕累累却不屈不挠地坚守到最后一刻。

2015年3月9日，丈夫在病床躺满两周年那天，她又一次听到医生拐弯抹角的暗示，隐隐感觉那根稻草断了，奇迹不可能发生了，丈夫重新站起来、哪怕坐轮椅的可能性都不大了。稻草断了，也许还有一根头发丝，只要能醒来，哪怕部分醒过来永远躺床，智商按医生说的仅相当于三岁孩子，她也愿意用生命余热养大“这个三岁孩子”。

转眼两年半过去了，吴和平依然一丝不动，没有任何苏醒的迹象，成千上万的呼喊都仿佛变成了麦影子，悄无声息地撒落在病房的角角落落，她突然担心自己是不是疯了，难道丈夫的“那些反应”都是自己的幻觉？丈夫的眼眨一下，手动一下，眼角流点泪，偶然出现痛苦或高兴的表情……都不是真实的，都是自己想出来的，是幻想中的动态，是情绪的影子，原本全都不存在的？不，这一切是真的，绝对是真的，丈夫不是活着的死人，他真真实实的还活着，他的生理指标标本正常，他还活着，活着就有希望！

这个要命的“希望”又一次点燃了她心里濒临熄灭的火

焰，又一次促使她打起精神支撑起她的孜孜不倦，一如既往给丈夫擦洗、按摩、刮胡子，将营养搭配的饭菜搅烂成粥，先用舌头试试，感觉不冷不热，小心翼翼送到丈夫跟前，像对好生生的丈夫一样，对他说："和平，吃饭了啊!"随后熟练地将流食通过入鼻管，注入他的胃里。注的过程，像在家里围着桌子吃饭那样，总有些话要说，孩子的事、单位的事、邻居的事、街头巷尾的事……道不尽说不完，虽说无对应，总是她一个在说，她却习惯了，丈夫似乎也习惯"听"她说：

"斌斌来电话了，街坊又在城西二路，我们家的门前，放了几条新鲜鱼和一些蔬菜，不知是哪个放的，斌斌懒得自己做，提着鱼到小舅家吃饭去了。敏敏那边，我上午跟她打了电话说了，叫她安心上班不要动不动往医院跑。她说是领导安排她协助照料爸爸的，这是任务。和平，听到了嘛？是领导安排的，不是她私自跑来的，你莫担心影响她的前途。对了，近两周又有几十位居民到医院看你，有的以前来过，我也认识，但不知道他们的住址。人情重如山，你出院后起码要给人家道声谢吧。好了，吃完了，我帮你翻翻身，以前你太重，翻身时老是叫你配合，我也感觉你在配合，现在你瘦得皮包骨，四肢像麻秆，翻身、放平不难了。好了，我现在给你放音乐，女儿录的，还是那些老歌曲……"

做完这一切，王旭峰感觉很累，习惯性地趴在丈夫的病床边，边打盹边听着丈夫的动静：体质虚弱的吴和平，肠胃常出情况，流食输入多一点就呕吐，望着天花板吐；受点凉就感冒，喉咙咕噜响。

笔者到吴和平的病房去了十多次，没有一次是安宁的，不是因为王旭峰给他擦身受凉，患感冒打小针，就是肠胃渗血另外喂药。若遇到吴和平呕吐，王旭峰就请笔者回避一下。还有更难的，因为吴和平肌肉严重萎缩，排泄出现困难，拉不出来时，王旭峰就用手帮他抠……

有时候，云梦的老姐姐、女儿或儿子到医院替她一下，她就到走廊走走，到别的病房串串门，或下楼转转。但是夜里转钟两点后，即便有人替她守床，她也不能睡，因为两小时要给丈夫翻一次身，半个小时后要恢复平躺。更主要的是，王旭峰感觉丈夫在配合，有“动感”，而别人似乎感觉不到这个细节。每次感到丈夫“在动”，王旭峰就兴奋地想着奇迹可能在下一刻发生。这样的兴奋顿时撵走了她所有的疲倦，又陡增了她的信心。她失去了时间概念，没有日月轮回，白发染过又变白，牙齿松动又脱落，眼睛更花，人更憔悴，更没力气，他们亲历的所有故事讲完了，生命的烛光快要燃尽了。

专家教授再次暗示，从医学角度讲吴和平恢复的可能性极其渺茫，无法更改“是活着的死人”这样的结论，提醒王旭峰必须面对这个残酷的现实。“可是，他的眼还能眨，心还在跳，还能流泪，还能消化，他是活人，他是我男人，我不忍心放弃，我的天啦!”

悲怆的哭声，是苦难夫妇生死不离的绝唱，是一厢情愿又无可奈何的呐喊，是希望破灭后“撤离高地”前的生离死别。

然而，哭喊过后，王旭峰又静下来，稻草断了，头发丝还没有断，退一万步说，就是丈夫醒来的希望没了，可是做妻子的无论如何不能丢下心脏还在跳动的丈夫。就凭这一点，王旭峰又开始了无休止的日月轮回……

“和平，今天是2015年4月9日，两年多了，你先后在孝感中心医院、武汉脑科医院、孝感第一医院治疗，旭峰一直守着你。和平，你知道吗？旭峰快扛不住了！你昏迷的时间像杨立伟在太空一样，对于你来说可能是刹那间，对我来说却是极漫长，极煎熬。你沉睡的日子很多人到病床旁来看过你，省公安厅的陈辉副厅长，孝感市委、市政府领导陶宏、腾刚、涂明珍、仇平贵、罗平烺、谢思芳、郑香元、李小菊和孝南区的杨军安、姚惠萍；还有你的直接领导，市公安局副局长，孝南公安分局的殷实局长和全体班子成员以及你所有的战友，都一次次到医院看望，呼喊你；看望你的居民两年多来一拨拨、一群群，多得无法计算，他们都不愿意看到你这个样子，放不下、舍不得你走，喊声伴着泪水，几位婆婆每次来都哭，我不忍心让她们再来了……和平，我怕无法向关怀你的领导，无法向放不下你的居民交代！……你太不争气，太让我伤心；我曾发誓宁可累死也要证明，可是你就是不醒，就是不给我争口气，你叫我拿什么去证明？你太让我伤心了。

“和平，你可以不为我着想，你该心疼我们的一对儿女！他们都到岁数了，至今婚事八字都没一撇，你这样耗下去，我累死了，家里耗光了，他们将来怎么办？日子还过不过？

“和平，你醒来，我保证让你过上平静日子。过去我动不动就跟你吵，厂里扣奖金，跟你吵；回家晚了，跟你吵；把家里新自行车让给别人，跟你吵；把老屋宅基地让给公家，跟你吵；用自己的钱一次次帮别人，跟你吵……吵得最狠的一次是2004年6月，派出所体制改革办公室不够用，所里领导只是在你面前提了一下，你就爽快答应把家里出钱装修的公房，让出来还给派出所。我想到自己下岗了，女儿中专毕业没工作，你在基层一干几十年，调来挪去还是一个警员，很激动地对你说：这也让那也让，让了几十年，家里大小事不往心上放，哪个当家人像你这样苕。你耐心地说，房子本来就是公家的，是派出所在我们家没地方住让我们住的，不能得寸进尺，我们先在外面租房，慢慢想办法。你还说，社区有的比我们家更困难，人家的日子能过，我们也能过。

“你表面平静心里却一直很煎熬。搬出派出所后，你想给一家人买个窝，可一想到要给女儿治胎记，要花钱，你又觉得女儿的未来更重要。女儿知道你心里疼她，可现实是，女儿跟一天天长大的儿子挤在一间窄小的房里，有很多不便，女儿便央求你尽快买房。2006 年 9 月，我们拿出了家里所有的四五万积蓄，在城区边缘城西二路买了一套顶层，欠下的一万多房款，直到两年后才还清。搬到城西二路后，你还想攒钱为女儿整容，可是直到你病倒，攒的钱还不够整容手术的零头。

“……无论日子多难，不管我怎么发脾气，你从不吼我，一辈子让着我、依着我。我下岗后，一家人的生活就靠你的工资和我做临时工的收入，家里一台老式电视机还是 15 年前买的，四角的油漆都老掉了；你戴的一副老花镜，镜框已锈迹斑驳，即便是上面发的警服，你大多整整齐齐地叠放在家里的衣柜中，你穿的一件灰色绒衫，还是二十年前商场降价处理时买的，袖子破了就卷起来；衣服、鞋子总是洗了又洗、补了又补，衬衣穿得我洗时不敢用力搓，医院剪开你的衣服，内衣手一动都成了碎片……

“和平，我前世欠你的，这辈子该我还。只要你醒来，家里墙角漏雨我糊，凉棚刮翻了我绑，那台老电视机凑合用，老热水器五年前就坏了，锈迹斑斑不用它，家里一切我来安排。你醒来，我就不孤单，说话就有人应，我们一起帮儿女成家，一起度晚年……”

2 儿女不屈不挠

爸爸，女儿在喊您，帮妈妈给您翻身时喊，给你注流食时喊，帮您处理卫生时喊，爸爸，女儿也喊累了。女儿一直觉得，您是女儿的天，陪女儿走过了那些最难的坎。女儿刚上班您送到单位，见人就说这是我丫头，请多关照。十年过去了，爸爸，女儿已学会了自立，学会了坚强，能独立工作，并受到同事和领导的肯定。转眼间，爸爸要退休了，儿女想给您尽一份孝，想给您买贵点的衣服，可您不要，总是说能穿就行。女儿后来花了170元，在网上给您买了一副钓鱼竿，想帮爸爸度闲暇，找快乐，可您却说，退下来还想做事，还想返聘，跟社区的人一起快乐。其实，您是与居民的感情深，想帮他们多办点事。渔具还没有开封，您就倒下了。

爸爸，您已在医院躺了两年多，瘦得让女儿看到就想哭。在女儿心里，爸爸最放不下的是我。小时候，我无数次趴在爸爸肩膀上去医院，我哭，爸爸流着泪，还用大粗手给我擦泪。冬天怕我冻着，夏天怕我热着，有一点好吃的总是留给我，后来有了弟弟依然特别疼爱我。一个接一个冬天雪天，一年又一年的夏天雨天，您背着我深一脚浅一脚，天南海北求医，多少回我疼醒、哭醒、睡醒，爸爸的脸还贴着我。

我渐渐长大了，逢年过节人们高高兴兴走亲访友，我却不愿意出门，不愿意见生人，爸爸也就没有心情走亲戚，去云梦几位姑妈家拜年，晃一圈，连饭都不吃匆忙回家陪我。有一次，爸爸给我买回一件好看的衣服，我穿上不合身，爸爸连夜拿出去换，换了两次，直到我笑起来。

爸爸，女儿是藤，您是树，女儿总缠着树，总怕树倒了。可是女儿还没有成家，弟弟也没有成家，爸爸您这棵树就这样悄然倒下了。

最早两个月，女儿喊哑了嗓子，泪水流干了；总在想，爸爸这棵树倒了，以后谁给女儿遮风挡雨，谁给女儿解忧分愁。爸爸，我宁愿什么都自己做，自己顶，只要您醒来。

爸爸，在我和弟弟之间，您从没弹我一指，甚至从没说过一句重话，可您动不动就吼弟弟，动手打弟弟。弟弟长大了，参加工作了，您对他依然很严，有一回弟弟把没有送完的快递带回家，您吼弟弟说，快递必须快，逼弟弟连夜送到主人手里。您吼弟弟那晚，又到河口大桥那边去办案，深夜转钟一点才回家时，累得在半路上走不动，您给我打电话，让弟弟去接您。困难时，您更需要弟弟帮忙。

爸爸，自您昏迷后，家里日子就不像样子，连续两年，妈妈带着我们姐弟在医院陪您过年。您没有出事前，爱美爱打扮的妈妈，看上去不过40出头，如今她头发全白了，如果不染发完全是一个老太太。她没完没了地守在您的床头，妈妈舍不得丢下您，舍不得一家人幸福的日子。我到医院替她时，她就去外面染头发，补牙齿，有几次她梦见你醒过来了，连忙穿上好看的衣服。妈妈总想自己年轻一些，漂亮一些，让您看到高兴一些，可是爸爸，您给妈妈的全是失望。妈妈真的喊不动了，只能在心里跟您说话。

爸爸，您知道照料您最难是什么时候？是您从孝感中心医院转到武汉脑科医院的第二个月。那天，妈妈和姑妈正给您擦洗，妈妈突然捂着胸口，身子软了下去，用越来越弱的声音对姑妈说，“姐姐，我不行了，胸口难受，不能呼吸。”好在姑妈在场。姑妈立即对我说：“敏，快喊医生。”我飞快地跑去把医生喊过来。医生给妈妈吃了药，连忙对我说，你妈妈的心脏病发了，情况很严重，要尽快送到汉口新华路——亚洲心脏病医院动手术，再晚恐怕就不行了。我跑下楼去拦车，姑妈把妈妈背到车里。姑妈对我说：“她照料你，你抢救妈。”我对司机说：“叔叔，我妈快不行了，请你快点。”司机叔叔看我是个弱女子，一路帮忙送到亚心医院抢救室。医生检查后，立即动手术。那些日子，爸爸您知道吗，女儿每天上午在亚心医院照料妈妈，下午坐533路或726路赶到汉口红桥脑科医院看您。妈妈应该至少要休息半个月，可手术第三天，妈妈就对我说，你姑妈快七十岁了，翻不动爸爸的身体，让我回到脑科医院跟姑妈一起照料爸爸，妈妈就自己管自己。手术后第九天，妈妈就挣扎着回到了爸爸您的床边。

爸爸，您昏迷两年多，妈妈讲了许多你们恋爱的故事。每次给您翻身时，妈妈叫您把手搭在她肩上，然后就说，命啦，一报还一报啊！妈妈说，她做姑娘时看电影上瘾，常常跟着您翻院子，爸爸宁可自己不看，也要用肩膀给妈妈做梯子当凳子。

妈妈说，爸爸也有不听话的时候，爸爸长期劳累，生活没规律，高血压越来越严重，常常手脚发麻、头晕，但从不吭一声，也从不请假，坚持值班、巡逻，坚持处理居民中那些没完没了的琐碎事；累了随便躺一下，头晕吃点降压药，即便是深更半夜听到电话，也会立即起床。妈妈说，您自己不爱惜身体，每次吃药要人催。

爸爸，我昨天回到家里，看着客厅里的钓鱼竿，忍不住泪水又出来了，爸爸您累了一辈子，可女儿给您买的这副渔具还没有开封啊！家里柜子上，还摆着您没有抽完的红金龙烟，您昏迷前，一位老战友来家看望，带来一条价格 200 元的黄鹤楼烟，您舍不得抽，悄悄拿到楼下小卖部，换了 3 条 6 元一包的红金龙。

爸爸，妈妈最近老抱怨我和弟弟，说我三十好几了，仍不找个对象，弟弟二十七了也没找对象，如果我和弟弟找了朋友，带到您床边一起呼喊，爸爸高兴了也许会醒来。爸爸您不醒来，女儿没有那个心情啊。

爸爸，两年多来发生了许多事情：您的事迹讲演上了洪山礼堂，您被评为全省最美人民警察。另有两件事女儿要告诉您，一件是，总有一些人，隔些日子就打来电话，问你醒了没有，我们说了实话，其中一个就哭，是男人，却像孩子一样哭，他应该是您的朋友，肯定到过病房，但我和妈妈不认识。第二个是，书院街派出所表态了，只要您醒来，办了退休手续立即返聘您……

爸爸，您听到没有，女儿在跟您说话啊！

3 侄女到病床前

姑父，我是您的侄女王静。您昏睡的日子里，王家所有亲朋一次次到您床头看望您，守候您。最难的时候，几个伯伯叔叔日夜守在病房，您躺了这么久，亲人们多么希望您开口说话啊!

姑父，我很小的时候妈妈就动了脑瘤手术，她的生活不能完全自理，我就一直住在您家。虽然您有一对儿女，却可怜我，把我当亲女儿。我比姐姐小几岁，您叫姐姐和弟弟让着我，好吃的让我先吃，好玩的让我先玩，雨天雪天您去学校把我背回家，多少次，我都在您的肩上睡着了。有一天，您下班回家，看姐姐和弟弟还没放学，忙从口袋里拿出一包方便面，对我说：快吃吧孩子！我吃得津津有味，后来我才知道那是您熬夜值班时派出所发的夜宵，自己舍不得吃却留给了我，我后来才知道，这是您对我特殊的爱。

虽然您家的日子俭朴，但有两样您特别看重：一是看重您获得的奖状和证书，多年来像宝贝一样存放着；二是看重与居民的感情，您幼年缺少母爱，能读到高中毕业，三十岁后又选调参警，多靠居民资助和组织关怀，支撑着您的整个人生。姑父，您几乎认识社区所有人，老年人亲切叫您和平，中年人喊您吴警官，孩子们喊您吴爷爷。您家楼下的小卖部，是您爱去的地方，有事没事与居民坐在一起，东家长西家短的聊个没完，居民们不经意说出来的难事，只要您能办到的，都一一记在心上，然后想方设法帮忙解决。

姑父，侄女最早听说您的手术是成功的，就暗暗想，您太累了，从不会偷懒，借机可以多睡些日子，却没想到这一睡就是两年多。姑妈日复一日疯了一般地守候着您、呼喊您，苦得我们不忍多看。

姑父，在您昏睡的日子里，最可怜的是智障的五伯。爷爷奶奶逝世后他的生活就成了问题。按风俗，嫁出去的姑娘，泼出去的水，姑妈离开王家 30 多年了，完全可以不管娘家的事。可姑父您看到王家照顾五伯的压力大，每年都把五伯接到家里住几个月，每次姑父都亲自给他洗头，刮胡须，换干净衣服，陪他逛街；还常嘱咐姑妈买鱼买肉，做给五伯吃。天长日久的关爱，五伯不仅会喊“和平哥哥”，每次离开您家时，他总是依依不舍地拉着您的手不放。

您昏睡后，家人全都瞒着五伯，不让他去您的家，可是日子长了，怎么瞒得住啊，渐渐地，五伯感觉到不对头，他一次次跑到您家楼下的小卖部，孤零零地等在那里，盼着见到您，打听您的去向。开始小卖部的人哄他，说和平哥哥出差了，得四个星期才回家。五伯扳着指头算，算到第四个星期，一大早就到您家的楼下等着，等到中午，下起了大雨，对面楼上的李奶奶看他湿透了，还苦苦的不走，就下楼跟五伯说了实话。五十多岁的五伯顿时像个迷路的孩子，边哭边喊“和平哥哥”。家人看不过去，把他带到医院。他以为您睡着了，进来就抓着您的手说：“和平哥哥，你醒醒，我想洗头……”可怎么喊都没回应。病友的家属哄他说，和平哥哥还要睡半个月才会醒，他又听信了，每天等在病房门口。等到半个月后，保安却不让他进病房，他就在楼下对着窗口，蹦起来连连高喊：和平哥哥！和平哥哥！把护士都喊得泪汪汪的。

姑父，您昏迷中，吴家和王家的所有亲朋只要走上街头，撞到熟人，他们说的第一句，就是问您好点没有，醒来了没有。不少居民一直等着您出院时，他们能好好庆祝一番，结果等来的，全是唉声叹气和泪水……

4 梦中牵着你的手

孝感的夏夜，一会还是月明星稀，一会一场雷雨倏然而至，乌云散去后又露出澄澈的天空。深夜的病房窗外微风轻拂，大地一片宁静，远处隐隐传来狗叫蛙鸣。王旭峰习惯性地查看了丈夫睡中的表情，感觉放心了，才疲倦地趴在丈夫的病床边打盹。

她感觉自己的脸被轻轻地拍打了一下。她迷恋拍她的这只手，熟悉手掌上的气味和纹路，这只手曾把她这个影迷“吊进吊出”，甚至把她托过头顶、让她坐在他的肩膀上看电影。迷迷糊糊中，她牵住了那只手，在风和日丽的周末，去了荷花飘香的澴河边，在垂柳底下看吴和平和张少华钓鱼，看荷花吐翠伸展，看鸭群欢快戏水，看蜻蜓悠闲追逐。这个时候，她清晰地听到吴和平的声音。和平亲切地说：“旭峰，想跟你商量一件事。”

她说：“我是你生命的一半，全听你的。”

他说：“我是不是躺的时间太长了？”

她说：“有点长，算起来快 900 天了。”

他说：“太不可思议了，眨眼间过了 900 天。你怎么熬过来的，你看你，头发全白了，苍老了很多。孩子们哩？”

她说：“两个孩子还好，我也好……”

他说：“我想起来了。我想坐起来跟你说话。”

她说：“你现在是三岁的孩子，没穿一丝衣服。”

他说：“我的衣服哩？我的手机和电话本呢？”

她说：“你的衣服被医生剪成了条条，为了抢救你。手机和电话本我全留着。”

他说：“那就好那就好，我又能与人联系了。”

她说：“你昏迷前手伸向手机，有什么要交代吗？”

他说：“有两桩事不放心：一是我们的一对儿女都到岁数了却没有成家，连朋友都没有，我心里急啊，托人给儿子找了个女朋友，我想给介绍人通个话；二桩是，我管辖的向阳社区大毛子吸毒上瘾，他媳妇花3700元买的新摩托，大毛子只1500元就卖给人家，她媳妇要回了三次，他卖了三次，太不像话。大毛子向他母亲要钱，不给，就用菜刀对着母亲，太不像话。我答应第二天，和他的母亲媳妇一起，把大毛子送到武汉戒毒所去。”

她说：“你倒下快没命了，还想着公家的事，姑妈劝了你那么多，你一点也没有听进。你放心，大毛子的事你的战友已经做好了。你以前常劝人说，儿孙自有儿孙福，他们有本事就吃干的，没能力就喝稀的，不要操心孩子的事，管好自己的身体。”

他长叹着说：“我现在才三岁，我往前长，你往后退，来生我们还可以做夫妇。你来生愿意再做我媳妇吗？”

她故意说：“不愿意。这辈子跟着你太苦了，你太傻，不会弄钱，又没有本事做官，什么门道都没有，嫁给你几十年没吃顿好饭，没穿件好衣，没戴过金银首饰；老房子坍塌险些出不来，给警察当老婆整天担惊受怕，有什么好，再生啊！我要找个好家好主，弥补这辈子的缺憾。”

吴和平哭了，孩子一般，很伤心。

她连忙哄他说：“我愿意来生再做你老婆，还不行吗？”

他不哭了，说：“我能动时都说我苕，缺心眼，可是你爸爸说得对呀，这个社会如果大家都太聪明了，那些角角谁去填？那些缝缝谁去补？风吹雨淋久了，墙会塌会倒的。再说了，组织历来对我不薄，当年同学们下乡插队，我进工厂；几百人的厂子选我一个当合同警察，一年没在厂里做事，工资补得满满的；家里塌了没地方住，安排我们一家住派出所；最担心女儿没事做，组织上又照顾……做人要讲良心，不能不知足，不能不回报啊。”接着他的声音变调了，泪水又涌出来说，“只是苦了你，现在看来你比我还傻，社会充满诱惑，有多少人还相信爱情，我像个木头疙瘩躺了900天，你喊了900天，石头磨成水了，心脏病发作差点死在病房，你还守着，你太傻啊！”

她含泪说：“谁让我们是夫妇，夫妇就要同命同度，再说了，社区那么多人舍不得你走，我怕他们戳脊梁骨。”

他说：“我看似活人，实际与死了没多少区别，要醒，早就醒了。你还是放手让我走吧！”

她噙着泪说：“我不忍心，我做不到。”

他说：“全国警察每年牺牲400多人，他们大多很年轻，人间许许多多的美好事儿他们都不曾经历过，甚至还来不及幻想就去了，就义无反顾地走向了另一个世界。而我吧，已过了花甲之年，人生该体验的都体验了，酸辣苦甜都感受了，如今给亲朋、给组织带来这么大的麻烦，特别是给你和两个孩子带来很大痛苦。一切从土地中来，旅行一趟后又匆忙回到土地中去，世间万事万物皆如此，这很自然也是规律。你就让我静静地走吧!”

她擦把泪说：“你还能眨眼，手脚有时动一下，你还活着。你活着，我就不能丢下你。”

他说：“你傻啊，那种‘眨’，那种‘动’，都是无意识的一种生命本能，不少动植物折断了，砍断了，也会动、会流泪，那是神经结构的自然现象，是没有‘死亡’的死亡。再说了，分局为我付出太多的心血，花掉了不少钱；我家本来就没有什么底子，城西二路的家破破烂烂，经我这么一折腾，你们的日子就更苦了。我的母亲当年那么年轻，长期住院，感觉自己成了累赘，高兴了几天就放心走了。旭峰，我们的一对女儿至今没成家，他们怎么嫁，怎么娶，我都帮不上忙，但不能做你的拖累，你放手让我走吧!”

她大哭着扑到他怀里说：“我的亲人，你还活着，明明还活着，我不忍心，我做不到啊。”

他又说：“傻女人，你实在不忍心那就听我的，把我拖回家，家里比医院方便些，起码吃住方便些，又可以减少一些开支。”

她止住泪说：“可是，找医生不便。”

他说：“你过去就是护士，又护理了我两三年，你什么都会啊。”

她说：“这事，我得想想。”

他说：“不用想，我想家，想回城西二路的家。”

……

最近一些日子，王旭峰说她老做这个梦，老在梦中与和平说话。而且她还迷恋这种梦，总想与和平在梦里多待些时间，多说些话，多哭一会。可是一旦从梦里醒来，她看到的，还是那个一动不动静静躺在病床上的瘦骨嶙峋的男人……

此书编辑出版时，王旭峰守候吴和平已快一千天……

后记

一个感百姓，一个惊苍天

一

吴和平昏迷至今在病床上已躺了快一千天，被医学界定为植物人或“脑死亡的活人”。

因参与了吴和平的前期宣传，被他的事迹而感动，笔者先后20多次去病房看望吴和平、采访他的妻子王旭峰。每次去医院都会遇到一种固定模式：先在病房外等会儿，等着那些看望吴和平的居民出来，这个时候便会一次次听到王旭峰对探望者说：吴和平的心跳、脉搏，血压正常，眼睛能眨一下，有时还会流泪，他不是植物人，是活人，是好人，他一定能醒过来。

探望者似乎都是带着“希望”离开的。

而笔者在病房看到的却是，王旭峰永不停息地呼喊，自言自语地“交流”，不分白天黑夜地给丈夫擦洗、按摩、翻身、将饭菜捣碎注入鼻饲管……是看不到尽头的“希望”。

日复一日，春夏秋冬，她顽强地坚守着心中的目标，盼望奇迹出现。可是，不管她多么深情，多么用心，多么豁出她的老命，吴和平总是一动不动，从没有过实质的生理反应。有些日子笔者和许多探望者一样，感觉王旭峰快要疯了！

事实上，植物人的生理反应十分奇特，专家教授对吴和平的定性早在手术前已经明朗，明朗得令他的亲人绝望窒息。可是做过护士的王旭峰偏偏不相信专家的判断，她认为，身为妻子，零距离看到丈夫的一系列“动感现象”与专家判断的有很大的出入。专家认为吴和平的“动”是王旭峰个人的感觉，或者说是情感幻觉，根本不存在。而王旭峰却坚定地认为，她看到的“一切”是真实的，是客观存在的。正是因为她坚信“这种真实”，促使她对丈夫能醒来坚定不移，她决心去证明，豁出去老命去证明，去守候去呼喊，等待她幻想中的奇迹突然出现。即使吴和平的肌肉如今已经严重萎缩，人已瘦骨嶙峋，生命的各项参数更加恶化，她仍不离不弃，顽强坚守……

多位与丈夫同样病情的病人先后放弃了治疗，三家医院的专家教授反复暗示：吴和平早成了植物人，恢复的可能性不大，就是出现奇迹也是“婴儿级智商”，可是王旭峰不依不饶、幻想着希望，哪怕是婴儿级也要等“婴儿”醒来。她以常人难以承受的劳累，忍着心脏病的折磨，伺候着、盼望着，渐渐地，她的头发全白了，牙齿部分脱落了，变得憔悴不堪，极度虚弱。这个时候，笔者既担心吴和平能挺多久，更担心王旭峰还能扛多久！

随着日子的推移，这两个担心愈加强烈。

吴和平昏迷的大约第 450 天，笔者在武汉脑科医院看到：刚动了心脏手术的王旭峰，累得连一句话都要分几次说。她却还坚持说，她做过护士，知道对脑昏迷的吴和平要不停地呼喊，要讲有兴趣的故事、往事，放丈夫喜欢的歌曲、NBA赛事解说。为防止吴和平的四肢僵硬、萎缩，她每隔一两个小时帮他翻一次身，吴和平曾是篮球运动员，体型胖，身高一米八〇，体重80多公斤，每次翻身擦洗要费很大力气，要有人帮忙，要不间断给他捋捋胳膊、捏捏腿，隔两三个小时注入一次流食，太快、怕呛着他，太慢、又怕流食冷了。擦洗翻身要格外小心，武汉脑科医院有空调，孝感这家医院是刚盖的新医院，病人少，空调不常开，一不小心他就受凉，喉咙咕咕叫，那就要不间断地用抽痰器给他抽痰。

她完全是在赌自己的命！

渐渐地，她喊不动了，就呆呆地坐在床边瞅着丈夫，一瞅就是几个小时，就不由自主想起他们的爱情，他们结婚的经历，他们后来的日子，酸甜苦辣环环绕绕，全都变成了她与丈夫“聊天”的内容。虽然丈夫从不应一声，她也不在乎，她适应了丈夫不接话，适应了独自倾诉。有时，她被劳累和痛苦磨得思维失控，像鲁迅笔下祥林嫂那样，精神恍惚、目光游移，就喃喃自语老重复一句：“平时总催你吃药，没想到那天忘了，我傻我蠢啊！”

有几次，她喊得天塌地陷，丈夫却没有一点“动态”，她发火了，大声对他说：“你个懒鬼，再不应一声，我就把你丢在医院，不管你了。”

实在累不过，她就在床头打个盹，但夜里凌晨两点后，无论有没有人替她，她都要在床头守到天明。她在等待那个奇迹，她怕错过那个奇迹发生的时刻。夜夜如此，石头都要磨化了！

此后，由于更加担心她，笔者隔几天就给医院打电话，多是她的女儿吴恒敏接听。每次询问她爸爸的病情，生怕吴恒敏一开口就传来坏消息或哭声。然而这种担心一直没有出现，无论是打电话或到医院看望，她们母女总是那几句话：

“还行，刚喂了流食，谢谢黄老师！”

“最近消化不好，胃里有点渗血，正在打点滴，不过还好。”

“昨天给他擦身受了点凉，有点小感冒，要不停地抽痰，不过还行，我妈妈在身边。”

“我们刚给爸翻了身。现在瘦到可能只有八九十斤了，妈妈说，给他擦洗感觉爸爸在配合，背后没有褥疮，身子很干净。”

2015年春节，笔者又一次拨通了吴恒敏的电话，通过女儿向万般劳累的妈妈问好。恒敏姑娘说：

“陪爸爸在医院过第二个年了，一家人都在一起。分局的殷实局长、刘秋芳政委很关心我们，一次次到医院看望，帮我们解决了不少困难，爸爸的一些老战友和社区的人都过来了。没别的困难，就是年复一年、日日夜夜守护的妈妈可怜。妈妈比爸爸的年纪大，已经六十二了，守候期间心脏还做了支架手术，身体很虚弱，但她还是那样护着瞅着爸爸。开始几个月，她拉着爸爸的手，一夜夜哭到天亮，现在只是默默流泪。我特别担心妈妈突然垮了，妈妈说，她的希望一个个破灭了，最先希望爸爸能醒过来，跟好人一样；接着希望爸爸哪怕拄拐杖、坐轮椅，妈妈也愿意推他扶他；现在只盼爸爸醒来，哪怕一切要人料理，只要意识恢复，能听明白，说明白，妈妈就满足了。

“可是过去了这么久，喊不应叫不醒，眼睛偶然眨一下，却没有一点意识。妈妈一方面知道爸醒来的可能性很小，但她总是相信有奇迹，爸爸不可能这样离开她，离开我们这个家。可是现实无情，专家教授反复对我们说：从医学角度上讲，6个月后苏醒情况就不好，一年后苏醒，神经系统恢复的希望就不大。现在过去两年了，就是出现奇迹，醒来也是重度残疾，智力水准低，等于重新做一次人，而且这个‘人’身体能挺多久也难说。妈妈揣着幻想，不愿意放弃，总觉得她爱着爸爸，爸爸也爱着她，有爱就有希望，有爱的人不会这样走。妈妈想用自己的余生‘弥补爸爸的母爱’。奶奶40出头就走了，爸爸童年很少得到母爱，是在苦水里泡大的；爷爷又是路人丢的孩子，到死也不知道他的亲生父母在哪里，姓什么，是哪里人。妈妈觉得爸爸一辈子苦难太多，太勤劳太善良，总想着别人，没享过福；妈妈还说，她的心声爸爸能听到，只要坐在他的旁边，什么也不说爸爸也能听到；妈妈还说，爸爸的眼睛能眨，说明爸爸活着，她就是累死，也不能放弃活着的爸爸。”

笔者听得心里一阵阵酸愁，料理植物人的劳累真的无法用语言描写，这种累更因为无法估计何时才是个尽头！排除吴和平是新闻人物这个前提，他的妻子两年多来日夜守护所承受的千辛万苦足以感动任何人，足可以证明他们夫妇坚定的爱情；即使有一天，或许不远的一天，吴和平离我们而去，他们夫妇留下也是一个自然真实、催人泪下的爱情故事。

因为放不下这个真实，因为关注吴和平过去和现在的人太多，因为拿某个人当楷模必须要深入全面了解他。因此笔者决心再度挖掘，深入采写。

动笔之前笔者就想好了，凡此前媒体报道过的，武汉洪山礼堂报告过的，话剧表演过的，他都将一笔带过。要挖掘人们不知道的那些经历，那些空白，那些深藏的酸甜苦辣，那些与孝文化深度融合的底蕴，那些不曾触摸过的秘密。

这很重要但很艰辛。

2015 年春节刚过完，笔者走向孝南街头，走向城市与乡村，走向了吴和平“走过”的所有社区。

二

开春时节，阳光明媚，孝南街头摩肩接踵。

在川流不息的人群中，笔者深入书院街、新华街、挑水街、府前街、中山街、北处街、解放街、汤家街、城隍潭、新老麻糖厂，询问曾与吴和平打过交道的居民、采访接受过吴和平帮助的老人、妇女、儿童和一些特殊群体，获得了许多新鲜事儿。

重新采访了吴和平的战友施高华、黄继新、刘传高、胡立、田少清、包厚敏、胡新国、张家喜、刘保新、李新华等。笔者精耕细作时才知道，在吴和平生病的两年多时间里，孝南公安分局与吴和平年龄相仿并在一线岗位的 58 位警察，就有丁和平等三人因长期积劳成疾，病故在工作岗位上，罗立朝等三名警察因劳累过度，引发多种疾病至今卧床不起。经体检，分局有百分之九十五的老警察带病坚持在一线工作……

老警察们感觉最难的是：如今公安系统逢进必考，受学历和年龄的限制，公安局好多年没进人了；像以前那样让子女接班的情况已经不可能了。于是一些老警察的孩子，成年后不得不背井离乡外出打工，有的在外地外省安家落户，有的至今还是游民……他们和吴和平一样明里暗里有许多难处，但都把难处压在心底，努力尽职尽责，干好本职工作。说吴和平是他们其中的代表，也是恰如其分。

然而，吴和平毕竟有许多不同：他几十年如一日执着坚守的毅力让同行敬佩，他一如既往对群众的感情让人动容，他朴实节俭、与人为善、勤勤恳恳、兢兢业业的本色在业内有口皆碑，当然还有许多鲜为人知的“不一样”。

于是笔者继续在他工作过的企业、社区、街头巷尾，在来来往往的人群中寻访：问晒太阳的耄耋老人赵金、田东明；守摊业主林晓海、祝海运；开麻木的师傅张三狗、张洪明；采访童年一起读书长大、后在各条战线工作的涂明普、张少华、刘洪林；采访老邻居方爷爷、沈奶奶；拜见原卫生纸厂 79 岁的副厂长王松清，老书记林晓芳，和曾与吴和平一起工作的童昌耀、沈宝钗等师傅。令人惊奇的是，在林晓芳的办公室，笔者有幸看到她视为珍宝的一张老照片：30 年前 26 名骨干在澴河故道清淤打井的留影。相片里吴和平喜气洋洋，他这时刚结婚。

采访了书院街的领导魏清华，同文俊，彭红霞和向阳社区的负责人胡汉怀、谢君。

随后，笔者在新华街派出所副所长胡立的帮助下，见到了吴和平当合同民警时，“农田片区”五个村（社区）的老支书、治保主任董春云、秦林松、晏卫国、胡寿田、胡松柏。岁月在这些老人们的身上留下了沧桑痕迹，但一说到与吴和平共事的经历，都有一些零零碎碎的感人细节。特别一致的是，因工作原因，都说他们半夜三更去敲过吴和平新华街的家门。他们对老澴河当年的景致和源远流长的孝文化充满了怀念。

见到昔日孝感县公安系统的老同志，是件不太容易的事。在挑水街一天走了四五个来回，终于见到两位警方老干部：一位是 1958 年任孝感县城关派出所所长——82 岁的李水清前辈，李所长对吴和平看法很好，称赞现任分局班子和孝感各级推举吴和平这样真实、实在的典型有远见，有说服力；另一位是曾任孝感县公安局政治处主任——80 岁的黄炳华前辈，他说，吴和平当合同民警和正式民警那些年，虽然不一定年年立功受奖，但的确表现优秀，让他印象很深。两位前辈有一个共同观点：吴和平这个典型很真实很及时很必要，社会需要这样的干警，这样的路标，这样的精神，否则不知道下一代往哪里去。

采访吴和平曾经的领导——副所长鲁火财费了不少周折。打听到他住林园街胡同，可两次都扑空了，后托邻居帮忙，在他家门上留了条子，终于见到这位与吴和平共事多年、后从三里派出所所长职位上退休的老同志。鲁所长看上去很精神，根本不像年过古稀的老人。与他的话题谈得很深，他不仅以欣赏的口吻说了吴和平在平凡岗位上兢兢业业，与人为善的许多经历和故事，还帮忙分析了吴和平性格的形成原因，以及一线民警在中国社会改革开放之初，治安问题相当复杂背景下的责任和担当。说到底，吴和平所经历所担当的，也是全国所有基层民警所经历所担当的，很艰苦很劳累，没有谁能躲过，绝大多数都默默无闻、任劳任怨，吴和平作为其中的代表当之无愧。

笔者还走访了吴和平曾负责治安的一些工厂企业，采访了当年的负责人祝海波、王东清、李五堆，拜访了孝感麻糖厂的一些老员工。

采访中，寻找吴和平童年的伙伴张少华最困难，他跟吴和平形影不离一起长大，是吴和平性格形成的见证人。在新华街、挑水街来回找破了头，没找到张少华先生，最后通过他的同学才确定他的电话号码，联系上才知道，原来他在汉口一个建设工地做总管，忙得不行，每天点验物品、签字报账，电话联系多次他都没有时间。

最后他显然是被笔者的“不屈不挠”打动了，终于在孝感一家宾馆与他见了面，他是自己开车去的，六十出头的人看上去相当干练，对吴和平有很深的私人感情。

三

吴和平夫妇的经历，既有个性的厚重，也有时代赐给孝感人的共有的烙印。

特殊的家庭背景，让吴和平过早品尝了人生的苦难和甘甜，也让他深深爱上了古朴典雅的孝感老城。他一辈子生活在老城，父辈的坎坷经历、浓厚的孝文化氛围、宽厚善良的居民、质朴纯洁的民风，影响并逐渐促成了他人生观的形成，给他打牢了坚实的思想基础。他们夫妇面对苦难的坚强意志，忠贞不渝、至死不移的爱情，特别是吴和平做人处事的准则，处处为别人着想的胸襟，兢兢业业又平平常常的本色，一言一行、一点一滴都闪烁着善和美，无不反映出孝感公安队伍的良好素质，也是整个孝感人坚忍不拔、忠厚善良性格特征的写照。

写作期间最担心病床上的吴和平突然“出事”，所以去病房看望的次数和跟他们的女儿吴恒敏的联系就更多了。

吴恒敏说，妈妈把照料爸爸当日子过，苦和累成了常态，也摸索出了一些经验，爸爸的情况基本稳定。吴恒敏又说，妈妈这些日子比以前冷静一些，她想起了许多事，爸爸昏迷时用手指向胸前的口袋，口袋里有一个写得密密麻麻的电话本，一部分是爸爸做片警的社区群众的电话，里面记着许多没办完或正在办的事：孤独老人、留守孩子、吃低保家庭，以及邻里不和、帮吸毒人员走上正途等等一些待处理的事，当然也记着我们家的许多事……可是这些都没有来得及完成，爸爸就倒下了！两年半过去了，妈妈可怜，千天守候，万声呼喊，不知什么时候是个尽头。

因为真实感动，因为平凡敬佩，因为想找到“尽头”，笔者特地到武汉同济和协和医院，请教了几位著名脑科专家，请他们判断一下吴和平可否醒来，醒来后是什么样子，可他们的回答惊人的相似：除非出现奇迹，恢复意识的可能基本为零。这是因为吴和平脑溢血时出血点多、量大，导致脑细胞已经大量死亡，另外，出事时吴和平已接近六十岁，身体机能开始衰退，甚至因为长期超负荷劳累比同龄人更早开始衰退，而欧美包括印度的几例长期昏迷醒过来的病人，昏迷时都很年轻，而且多是妇女和孩子。妇女和孩子的脑细胞再生能力，与中老年男性相比强很多倍。

也就是说，王旭峰盼望发生奇迹的概率几乎为零。

可笔者不忍心把王旭峰早知道的结果再次挑明，因为她心脏病随时可能发作，因为她割舍不下心里残存着的一丝希望，因为爱情早把他们夫妇融合到了一起，她绝不可能放弃眼睛还能眨的丈夫；她宁可累死在丈夫的床头，一起走向另一个世界……

于是，关于苕夫傻妻的故事只能暂且写到这里。

本书在采写过程中，得到了孝感市委宣传部、孝感市公安局、孝南区委宣传部和书院街道办事处领导的支持和帮助。

感谢吴和平的战友们提供大量素材，感谢孝南公安分局领导班子把关。感谢黄桂红、胡叶，特别是吴和平的妻子王旭峰、女儿吴恒敏在修改期间提出的建议。

在本书即将付梓之际，向所有付出劳动的朋友致谢。

2015. 10. 30